A
SYSTEMATIC
APPROACH
TO
ENGLISH WORDS
Basic
5th Edition

EXERCISE BOOK

by

YASUSHI SHIMO

MASAHIKO TONE

SUNDAI BUNKO

はしがき

　この問題集は，みなさんが『**システム英単語 Basic〈5訂版〉**』で身につけた**語彙力**を，さまざまな角度から徹底的に**チェック**し，**強化**できるように作られています。

　システム英単語が世に出て以来，シス単ユーザーのみなさんからは，「**シス単に出てくる順で意味を覚えているような気がする**」，「**ミニマル・フレーズを見れば単語の意味が浮かぶけど，ほんとうに覚えているかどうか不安だ**」などの理由で，**シス単で覚えたことをチェックする本がほしい**という声がたくさん寄せられていました。この問題集は，そのようなみなさんの声にこたえるために作られました。

　人と同じように，**単語にも個性があります**。自動詞か他動詞かに注意すべき単語，前置詞といっしょに覚えるべき単語，数えられない単語，発音を間違えやすい単語，まぎらわしい派生語がいくつもある単語など，さまざまです。システム英単語本体には，**ミニマル・フレーズ**をはじめ，単語の使い方をマスターするための**語法 Q&A** や，派生語や発音・アクセントなどのポイントを get するための**ポイント・チェッカー**など，単語の個性を覚えるための工夫がたくさんつまっています。みなさんに，これらのシステムを駆使して**身につけた大切な知識の最終チェックをしてもらう**のが，この問題集のねらいです。

　この本には，**システム英単語 Basic にエントリーされているすべての単語をカバーする**問題が収録されています。見開き 2 ページが 1 セクションで，1 セクションは 30 単語（第 4 章の多義語は 20 単語）をカバーしています。その設問の種類は，意味を問うもの，似た語との区別を問うもの，ともなう前置詞を問うもの，派生語を問うもの，発音を問うもの…など，一つ一つの単語の個性に合わせて選びました。また，**実際の入試問題から単語の意味や語法を問う実戦的な問題も収録**しました。

　この問題集をフルに活用して，システム英単語の学習効果を飛躍的に高め，大切な知識をしっかり定着させてください。

＊　　　　　＊　　　　　＊

　この本の執筆にあたっては，駿台文庫の遠藤和絵さん，斉藤千咲さん，上山匠さんに，企画段階から細かい編集作業にいたるまで，たいへんお世話になりました。心から感謝いたします。

2020 年　春　　著者しるす

『システム英単語 Basic〈5訂版対応〉チェック問題集』の効果的学習法

覚えるのは簡単，でも忘れないのが難しい！
〜 新鮮な空気を味わって！

　知らない英単語は，何回か声に出し，書き出してみると，実は意外とすぐに覚えられます。でも問題はすぐに忘れることです。たとえば 100 個記憶したつもりでも，1 時間も経てば 30 個忘れ，3 日もすれば 70 個以上を忘れるというような経験を誰もがしているはずです。長期間記憶を保持するには，何度も繰り返し確認するしかありませんが，では同じ本を読み直すだけでいいのでしょうか。

　もちろん繰り返しは重要ですが，同じ作業を繰り返していると飽きてしまいます。飽きない工夫ができるかどうか，これが成否を分けると言ってもいいでしょう。たとえばランニングを始めたとしましょう。来る日も来る日も同じコースの同じ景色の中を走るのと，たまにコースを変えて新しい風景を楽しみながら走るのと，どちらが長続きするでしょうか。同じ走るのなら，新鮮な景色を見て走る方が，楽しいし，長続きするはずです。

　英単語の学習もこれと同じで，単語集だけをじっとながめているよりも，CD や問題集を利用した方がはるかに楽に覚えられます。見て，書いて，聴いて，声に出して，五感を使って英単語を覚えましょう。

これが『システム英単語』シリーズの英単語学習システムだ！

　まずは＜[新しい] 英単語と出会う＞のが第 1 段階です。ゆっくり『システム英単語 Basic〈5 訂版〉』を読んで覚えたい範囲の英単語とその意味・語法・コロケーションを一つ一つ確認し，ミニマル・フレーズをながめながら CD を聴いて声に出し，発音を確認しましょう（一度にどれくらいの数を覚えるかは自分で決めましょう。30 個（本書の 1 セクション分）でも，90 個でもいいのです。どれくらいを一単位にするのが自分に合っているか，いろいろ試してみましょう）。

　一通り目を通したら，第 2 段階は＜読んで，書いて，口に出して覚える＞です。ミニマル・フレーズを声に出しながら，数回書いてみてください。

　第 3 段階は＜反復・継続して単語に触れる＞です。長期の記憶を作るためには，もう覚えたと思った単語でも，過剰なくらい繰り返し確認することが効果的です。最低でも同じ単語を 5〜7 日続けて確認してください。CD でシャドウイングをしたりして変化を付けましょう。この段階をじっくり繰り返すのが大切です。

　第 4 段階は＜チェック問題集（本書）で確認する＞です。いよいよ本書の登場です。問題を解いてみると，順番や活字が違うだけで，同じフレーズも新鮮に見えませんか？　これまで見落として

いた連語関係や語法や派生語に気づくかもしれません。一度でマスターする自信が無かったら，解答は別のノートに書いて，同じ問題を何度か解いてもいいでしょう。

　第5段階は**＜間違えた英単語を見直す＞**です。間違えた問題にはもちろん印を付けて，必ず翌朝に再確認してください（あまり時間をあけないのがコツです）。

　また，本書で間違えた英単語は，『システム英単語 Basic〈5訂版〉』にも印を付けておきましょう。

　書籍，ＣＤ，そしてこのチェック問題集と，いろんなメディアを利用して，飽きがこないように工夫しながら学習を続けてください。新しい英単語を覚えれば，英語の新鮮な風景が見えてくるはずです。

『システム英単語』シリーズの**英単語学習システム**

1st Step　＜英単語と出会う＞
　『システム英単語 Basic〈5訂版〉』の訳語・説明を熟読
　『システム英単語 Basic〈5訂版〉ＣＤ』で発音の確認

↓

2nd Step　＜読んで，書いて，口に出して覚える＞
　ミニマル・フレーズの訳語を隠しながら，その意味がすぐに言えるようにする
　ミニマル・フレーズを音読しながら，英語を数回書く

↓

3rd Step　＜反復・継続して単語に触れる＞
　『システム英単語 Basic〈5訂版〉ＣＤ』でシャドウイング
　＊最低でも5～7日連続で同じ単語を確認

↓

4th Step　＜チェック問題集（本書）で確認する＞
　覚えた単語を本書でチェック
　自信が無ければ解答はノートに書いて，何度か繰り返す

↓

5th Step　＜間違えた英単語を見直す＞
　翌朝間違えた問題を再確認
　『システム英単語 Basic〈5訂版〉』で再確認

Contents

☆（　）の中は『システム英単語 Basic〈5訂版〉』の対応ページを表しています。

◎ 多義語の Brush Up

書き込み問題の下線部の最初にある ( ) 内の文字は，単語の頭文字を表しています。

例　　(e) _____ you to arrive soon

⇒　(e) *expect* _____ you to arrive soon

Starting Stage　No. 1〜30　　／30

1. 下線部には最もよくあてはまる語，また（　　）には適切な前置詞を入れなさい。

1. (t)＿＿＿＿＿＿（　　　　　）find a word　言葉を見つけようとする

2. (g)＿＿＿＿＿＿（　　　　　）in the country　田舎で育つ

3. (s)＿＿＿＿＿＿ time thinking　考えるのに時間を費やす

4. (l)＿＿＿＿＿＿ to her father　彼女の父にうそをつく

5. (a)＿＿＿＿＿＿ as a group　集団として行動する

6. The sun (r)＿＿＿＿＿＿ in the east.　東に太陽が昇る

7. (f)＿＿＿＿＿＿（　　　　　）disease　病気と戦う

8. She is (d)＿＿＿＿＿＿（　　　　　）black.　彼女は黒を着ている

9. (c)＿＿＿＿＿＿（　　　　　）each other　お互いに考えを伝え合う

10. (s)＿＿＿＿＿＿ gold（　　　　　）sand　砂から金を分離する

2. 指示に合う熟語を答えなさい。

11. arrive at A の同意熟語　　　　　　　　＿＿＿＿＿ ＿＿＿＿＿ A

3. 次の単語・熟語の意味として適切なものを選択肢の中から1つ選びなさい。

12. hold　　①を広げる　　　②を保持する　　　③を借りる　　　＿＿＿＿

13. seem (to be) A　①Aのように思える　②Aになろうとする　③Aになってゆく　＿＿＿＿

14. lie in bed　①ベッドでくつろぐ　②ベッドで横になる　③ベッドに置く　＿＿＿＿

15. throw　　①を通る　　　②をゆるめる　　　③を投げる　　　＿＿＿＿

4. [　　] にあてはまる適切な単語を選択肢の中から1つ選びなさい。

16. [　　] me talk to her.　彼女と話をさせてください
　　① Allow　　　② Let　　　③ Permit　　　④ Leave　　　＿＿＿＿

17. [　　] the best answer　もっともよい答えを選ぶ
　　① chat　　　② cheer　　　③ cheat　　　④ choose　　　＿＿＿＿

18. He [　　] to be sleeping.　彼は眠っているように見える

① aspects　　　② appeals　　　③ appears　　　④ arrives　　　_____

19. [　　] to go with him　彼と行くと約束する

① suppose　　　② propose　　　③ promise　　　④ suggest　　　_____

5. 次の英語を日本語にしなさい。

20. enjoy reading comics　　　_____

21. create new problems　　　_____

22. discover a new world　　　_____

23. I wish I could fly.　　　_____

24. The number of children dropped.　　　_____

6. 次の日本語を英語にしなさい。

25. 彼が部屋を見つけるのを手伝う　　　_____

26. 彼に電話するのを忘れないで。　　　_____

27. 壁に絵をかける　　　_____

28. 音楽の才能を持って生まれる　　　_____

29. 賞を勝ち取る　　　_____

30. コインを拾い上げる　　　_____

PLUS

(1) I enjoy (　　) music.　（城西大）

① listen to　　② listening　　③ listening to　　④ to listen to　　____

(2) I spent most of the evening (　　) TV.　（センター）

① seeing　　② to see　　③ to watch　　④ watching　　____

Starting 1 / Fundamental 2 / Essential 3 / 多義語 4

動詞 『システム英単語 Basic〈5訂版〉』p. 41〜46　　解答冊子 p. 3

② *Starting Stage* No. 31〜60 | /30

1. 次のフレーズの下線の語の意味を答えなさい。

1. <u>introduce</u> you to my friend _____

2. 下線部には最もよくあてはまる語，また（　　）には適切な前置詞を入れなさい。

2. Stress is (l)_____（　　　　）illness.　ストレスは病気と関係がある

3. (r)_____ what he just said　彼が言ったことを繰り返す

4. (m)_____ yellow（　　　　）blue　青と黄色を混ぜる

5. (r)_____ paper　紙を再生利用する

6. (r)_____ down the street　道を転がる

7. The wind is (b)_____ from the north.　北から風が吹いている

8. (l)_____ the speed　速度を制限する

9. (d)_____ a hole in the ground　地面に穴を掘る

3. 指示に合う単語を答えなさい。

10. push の反対語 _____

4. 次の単語の意味として適切なものを選択肢の中から１つ選びなさい。

11. lay 　①くつろぐ 　②横になる 　③を置く 　_____

12. ring 　①鳴る 　②揺れる 　③転がる 　_____

13. request 　①を主張する 　②を頼む 　③を招く 　_____

14. wrap 　①をたたく 　②を包む 　③を開く 　_____

5. [　] にあてはまる適切な単語を選択肢の中から１つ選びなさい。

15. [　　] the baseball club　野球部に入る
　① belong 　② join 　③ participate 　④ excel 　_____

16. [　　] her to dinner　彼女をディナーに招待する
　① invent 　② invite 　③ invest 　④ investigate 　_____

17. [　] information　情報を集める
① collect　　② climb　　③ classify　　④ correct　　_____

18. [　] up early　早く目が覚める
① watch　　② wake　　③ wander　　④ warn　　_____

19. [　] a heavy rock　重い岩を持ち上げる
① lift　　② shift　　③ rise　　④ post　　_____

20. [　] washing dishes　皿洗いが嫌いだ
① discuss　　② disappoint　　③ dismiss　　④ dislike　　_____

6. 次の英語を日本語にしなさい。

21. relax on the sofa　　_____

22. gather food　　_____

23. sail west from Spain　　_____

24. comment on the news　　_____

25. a barking dog　　_____

7. 次の日本語を英語にしなさい。

26. ボタンを押す　　_____

27. 野生の動物を狩る　　_____

28. 彼らに真実を隠す　　_____

29. エベレストに登る　　_____

30. 太陽が輝いている。　　_____

PLUS

(1) A (　　) stone gathers no moss.
① roll　　② role　　③ rolling　　④ roling　　____

(2) He requested that I (　　) here again this afternoon.　（慶應義塾大）
① come　　② came　　③ had come　　④ would come　　____

Starting 1

Fundamental 2

Essential 3

多義語 4

動詞〜名詞 『システム英単語 Basic〈5訂版〉』p. 47〜53 解答冊子 p. 4

3 *Starting Stage* No. 61〜90 | /30

1. 下線部には最もよくあてはまる語，また（ ）には適切な前置詞を入れなさい。

1. (s)＿＿＿＿＿＿ the door ドアを閉める

2. (k)＿＿＿＿＿＿ ( ) the door ドアをノックする

3. (p)＿＿＿＿＿＿ through the gate 門を通る

4. I (h)＿＿＿＿＿＿ someday you'll join us. 君がいつか参加することを望む

5. She (r)＿＿＿＿＿＿ that he was alive. 彼が生きていると彼女は報告した

6. We were (s)＿＿＿＿＿＿ to hear the news.

私たちはその知らせを聞いてショックを受けた

7. (s)＿＿＿＿＿＿ money ( ) a bank 銀行からお金を盗む

8. I (d)＿＿＿＿＿＿ ( ) you ( ) this point.

この点で私はあなたと意見が異なる

9. (b)＿＿＿＿＿＿ water 湯をわかす

10. stay ( ) this (p)＿＿＿＿＿＿ この場所にとどまる

11. people of all (a)＿＿＿＿＿＿ あらゆる年齢の人々

12. get (i)＿＿＿＿＿＿ about a product 製品に関する情報を得る

13. buy new (l)＿＿＿＿＿＿ 新しい土地を買う

2. それぞれの指示に合う単語を答えなさい。

14. enter の名詞形（2つ答えなさい） (e)＿＿＿＿＿＿ , (e)＿＿＿＿＿＿

15. lend の反対語 ＿＿＿＿＿＿

3. [ ] にあてはまる適切な単語を選択肢の中から1つ選びなさい。

16. [ ] the beginning of a new age 新時代の幕開けを示す

① march ② relate ③ remark ④ mark ＿＿＿＿

17. [ ] there's no hunger. 飢えがなくなると想像しなさい

① Inspire ② Imitate ③ Imagine ④ Ignore ＿＿＿＿

18. the [　　] that the earth is round　地球が丸いという事実
　① factor　　② facility　　③ faculty　　④ fact　　_____

19. stop at a red [　　]　赤信号で止まる
　① light　　② wright　　③ right　　④ lightning　　_____

20. in the 21st [　　]　21世紀に
　① decade　　② age　　③ generation　　④ century　　_____

4. 次の英語を日本語にしなさい。

21. Barking dogs seldom bite.　_____

22. get a new job　_____

5. 次の日本語を英語にしなさい。

23. 彼にどなる　_____

24. 彼はインドを訪問するつもりである。　_____

25. 木を植える　_____

26. データを記録する　_____

27. 雨が降りはじめた。　_____

28. フライドチキン　_____

29. 異文化の人々　_____

30. 生活費　_____

PLUS

1．誤りがある部分を選びなさい。　（水産大）
When I ① entered into the office ② around 8 o'clock, I found that my colleagues ③ had already finished all the ④ assigned work.　____

2．I (　　) I can buy a car next year.　（流通経済大）
　① hope　　② wish　　③ want　　④ need　　____

3．次の英文①〜④の中から，文法的に誤りを含む英文を1つ選びなさい。　（慶應義塾大）
　① He knows very little about the news.
　② She made consistent efforts until recently.
　③ We could only get very few informations.
　④ The police are always ready to help you.　____

名詞　『システム英単語 Basic〈5訂版〉』p. 53〜59　解答冊子 p. 5

Starting Stage No. 91〜120　　　　／30

1. 下線部には最もよくあてはまる語，また（　　）には適切な前置詞・動詞を入れなさい。

1. people（　　　　）the (p)＿＿＿＿＿＿＿　過去の人々

2. He is in good (h)＿＿＿＿＿＿＿．　彼は健康状態がいい

3. an open (s)＿＿＿＿＿＿＿　空いている場所

4. （　　　　）(c)＿＿＿＿＿＿＿ with Americans　アメリカ人と会話する

5. （　　　　）a car (a)＿＿＿＿＿＿＿　自動車事故にあう

6. （　　　　）my (o)＿＿＿＿＿＿＿　私の意見では

7. put in a (b)＿＿＿＿＿＿＿（　　　　）sugar　少し砂糖を入れる

8. come into (c)＿＿＿＿＿＿＿（　　　　）Europeans　ヨーロッパ人と接触する

9. the (b)＿＿＿＿＿＿＿ that people can change　人は変わりうるという信念

2. 次の単語の意味として適切なものを選択肢の中から１つ選びなさい。

10. history　　①歴史　　　②時代　　　③文化　　　＿＿＿＿

11. side　　　①視力　　　②型　　　　③側　　　　＿＿＿＿

12. law　　　①核心　　　②法律　　　③低さ　　　＿＿＿＿

13. fear　　　①恥　　　　②恐れ　　　③怒り　　　＿＿＿＿

14. community　①活動　　②社会　　　③文化　　　＿＿＿＿

15. human being　①個性　②人格　　　③人間　　　＿＿＿＿

16. technology　①専門知識　②文明　　③科学技術　＿＿＿＿

3. ［　］にあてはまる適切な単語を選択肢の中から１つ選びなさい。

17. How is the [　　]?　天気はどうですか
　① wave　　② weather　　③ whether　　④ weapon　　＿＿＿＿

18. have a good [　　]　記憶力がよい
　① medium　　② monument　　③ memory　　④ mechanism　　＿＿＿＿

4. 次の英語を日本語にしなさい。

19. her dream of being a singer

20. a graduation ceremony

21. at that moment

22. the Amazon rain forest

23. There is no doubt that he is alive.

24. the date of the meeting

5. 次の日本語を英語にしなさい。

25. 将来の計画をたてる

26. 高い値段を支払う

27. 考える能力

28. 平均より高い

29. 彼のビジネスでの成功

30. 高血圧

名詞 『システム英単語 Basic〈5訂版〉』p. 60〜65　解答冊子 p. 6

⑤ *Starting Stage* No. 121〜150 　　/30

1. 下線部には最もよくあてはまる語，また（　　）には適切な前置詞・動詞を入れなさい。

1. Cycling is a lot of (f)_____.　サイクリングはとても楽しい

2. the main (g)_____ of this study　この研究の主たる目的

3. send a letter (　　　) air (m)_____　航空郵便で手紙を送る

4. (　　　) great (d)_____ to the human body　人体に大きな害を与える

5. a (p)_____ on the website　ウェブサイトの投稿

6. We have a special (g)_____ today.　今日は特別なお客がある

7. work as a tour (g)_____ in Paris　パリで観光ガイドとして働く

8. be (　　　) a (h)_____ to catch a train　電車に乗ろうと急いでいる

9. make an (e)_____ (　　　) grammar　文法の誤りを犯す

10. answer (　　　) the (s)_____　その場で答える

11. Fill in the (b)_____.　空欄を埋めなさい

2. 次の単語の意味として適切なものを選択肢の中から1つ選びなさい。

12. flight　　①恐怖　　　　②光　　　　③飛行　　　　_____

13. interview　①試験　　　　②面接　　　　③会話　　　　_____

3. [　　] にあてはまる適切な単語を選択肢の中から1つ選びなさい。

14. an American [　　　]　アメリカ人の観光客
　　① travel　　② tourist　　③ tour　　④ trip　　_____

15. the answer [　　]　解答用紙
　　① sheet　　② shit　　③ shade　　④ shout　　_____

16. the [　　] of water　水の流れ
　　① flavor　　② flow　　③ flight　　④ flood　　_____

17. a [　　] of events　一連の出来事
　　① series　　② theory　　③ majority　　④ result　　_____

18. become a movie [　　　] 映画俳優になる
    ① acquaintance　② accident　　③ actor　　④ access　　_____

4. 次の英語を日本語にしなさい。

19. have three meals a day　　_____

20. None of us know him.　　_____

21. make a big noise　　_____

22. test a new drug on animals　　_____

23. the smell of popcorn　　_____

24. a nurse in a nursing home　　_____

25. study mathematics　　_____

5. 次の日本語を英語にしなさい。

26. 本の販売　　_____

27. ガソリンがなくなる　　_____

28. 農場で働く　　_____

29. 大規模な市場　　_____

30. 冗談を言う　　_____

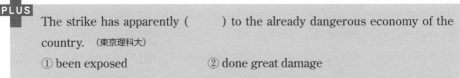

PLUS

The strike has apparently (　　　　) to the already dangerous economy of the country.　（東京理科大）

① been exposed　　　　② done great damage

③ given supply　　　　④ made every effort　　_____

名詞 『システム英単語 Basic 〈5訂版〉』p. 66～71　　解答冊子 p. 7

6 *Starting Stage* No. 151～180 ⎹ /30

1. 下線部には最もよくあてはまる語, また (　　) には適切な前置詞・動詞を入れなさい。

1. (　　　　) a (b)＿＿＿＿＿＿ every day　毎日風呂に入る

2. US (s)＿＿＿＿＿＿ in Iraq　イラクのアメリカ兵士

3. pay $1,000 (　　) (c)＿＿＿＿＿＿　1,000 ドルを現金で払う

4. become a national (h)＿＿＿＿＿＿　国民的英雄になる

5. the (g)＿＿＿＿＿＿ (　　) rich and poor　貧富の格差

6. be caught by a (g)＿＿＿＿＿＿　守衛につかまる

7. pass the test (　　) (e)＿＿＿＿＿＿　楽に試験に受かる

8. join the British (a)＿＿＿＿＿＿　イギリス陸軍に入る

9. (c)＿＿＿＿＿＿, oil, and gas　石炭, 石油, ガス

10. He's a nice (g)＿＿＿＿＿＿.　彼はいい男だ

11. (　　　　) a hopeless (s)＿＿＿＿＿＿　希望のない状況で

2. 次の単語の意味として適切なものを選択肢の中から１つ選びなさい。

12. host　　①話し相手　　②支持者　　③主催者　　＿＿＿＿

13. route　　①道　　②接近　　③根　　＿＿＿＿

14. grass　　①ガラス　　②草　　③コップ　　＿＿＿＿

15. battle　　①非難　　②戦い　　③対立　　＿＿＿＿

16. label　　①程度　　②段階　　③札　　＿＿＿＿

3. [　] にあてはまる適切な単語を選択肢の中から１つ選びなさい。

17. eat from [　] of gold　金の皿から食べる

　① prays　　② plates　　③ plights　　④ planets　　＿＿＿＿

18. teach [　]　生徒に教える

　① purposes　　② pupils　　③ purchases　　④ purses　　＿＿＿＿

19. the [　　　] of life　生命の謎

① mystery　　　② motive　　　③ murder　　　④ misery　　　_____

4. 次の英語を日本語にしなさい。

20. walk two blocks　　　_____

21. the west coast of Australia　　　_____

22. ride a bike　　　_____

5. 次の日本語を英語にしなさい。

23. 宿題を手伝って。　　　_____

24. 長い旅行をする　　　_____

25. ユーモアのセンスがある　　　_____

26. 高い給料をもらう　　　_____

27. 第2段落に　　　_____

28. 彼をばかにする　　　_____

29. 子供たちのために　　　_____

30. 運転免許を取る　　　_____

PLUS

1．次の文で誤りがある箇所を指摘し，訂正しなさい。　（同志社女子大）

Carol was ① upset last week ② because she ③ had to do too ④ many homeworks.

_____

2．Carrie works hard in the office for a (　　　) salary.　（京都産大）

① few　　② less　　③ minor　　④ low　　_____

名詞　『システム英単語Basic〈5訂版〉』p. 71〜77　解答冊子 p. 8

7 *Starting Stage* No. 181〜210　／30

1. 下線部には最もよくあてはまる語，また（　）には適切な前置詞を入れなさい。

1.（　　　）their cultural (s)＿＿＿＿＿＿　彼らの文化的環境で

2. cry out with (j)＿＿＿＿＿　喜びで叫び声をあげる

3. go to bed（　　　）(m)＿＿＿＿＿　夜の 12 時に寝る

4. talk about the (t)＿＿＿＿＿　その話題について話す

5. have (c)＿＿＿＿＿（　　　）the market　市場を支配する

6. live（　　）(h)＿＿＿＿＿（　　　）nature　自然と調和して暮らす

7. a (b)＿＿＿＿＿（　　　）work and play　仕事と遊びのバランス

2. 次の単語の意味として適切なものを選択肢の中から1つ選びなさい。

8. aid　①支出　②援助　③攻撃　＿＿＿＿

9. refrigerator　①回復　②冷蔵庫　③屈折　＿＿＿＿

10. loan　①借金　②支出　③費用　＿＿＿＿

11. knee　①くるぶし　②ひじ　③ひざ　＿＿＿＿

12. shore　①分け前　②沖　③岸　＿＿＿＿

13. prize　①賞　②価格　③誇り　＿＿＿＿

3. [ ] にあてはまる適切な単語を選択肢の中から1つ選びなさい。

14. Change your [ ].　服を着替えなさい
① crosses　② cloth　③ clothes　④ close　＿＿＿＿

15. at the [ ] of the sea　海の底で
① coast　② bottom　③ cliff　④ forest　＿＿＿＿

16. a report in a scientific [ ]　科学雑誌の報告
① journey　② justice　③ journal　④ jewelry　＿＿＿＿

17. a [ ] for learning　学習の道具
① tomb　② tool　③ tide　④ tip　＿＿＿＿

18. in many [   ] of the world   世界の多くの地域で

   ① eras   ② areas   ③ nations   ④ ranges   _____

19. a police [   ]   警察官

   ① officiator   ② organ   ③ orchard   ④ officer   _____

4. 次の英語を日本語にしなさい。

20. the long shadow of a man   _____

21. go down the stairs   _____

22. go into a cave   _____

23. the root of many misunderstandings   _____

24. a poet and a novelist   _____

5. 次の日本語を英語にしなさい。

25. 20平方マイル   _____

26. ひどい頭痛がする   _____

27. 音波   _____

28. 太陽からの熱エネルギー   _____

29. すばらしい経験をする   _____

30. 交通事故   _____

1 Starting

2 Fundamental

3 Essential

4 多義語

名詞〜形容詞 『システム英単語 Basic〈5訂版〉』p. 77〜83　解答冊子 p. 9

8 *Starting Stage* No. 211〜240 ／30

1. 下線部には最もよくあてはまる語，また（　　）には適切な前置詞を入れなさい。

1. Love your (n) _____ as yourself.　自分を愛するように隣人を愛せ

2. a flight (a) _____　客室乗務員

3. the tiger in the (c) _____　おりの中のトラ

4. eat the fish with (c) _____　はしで魚を食べる

5. look up the word in the (d) _____　辞書で単語を引く

6. a computer (e) _____　コンピュータ技術者

7. fight for (f) _____　自由を求めて戦う

8. send a (p) _____ to France　フランスに小包を送る

9. the (m) _____ of her eyes　彼女の目の動き

10. a (p) _____ ( ) paper　紙1枚

11. go (s) _____ in Venice　ヴェニスに観光に行く

12. He is (d) _____ ( ) other people.　彼は他の人と違う

13. have ( ) (l) _____ three children　少なくとも3人の子供を持つ

2. 次の単語の意味として適切なものを選択肢の中から1つ選びなさい。

14. husband 　①生息地 　②収穫 　③夫 　_____

15. kindergarten 　①庭園 　②幼稚園 　③類似 　_____

16. difficult 　①まぎらわしい 　②異なる 　③難しい 　_____

3. [　] にあてはまる適切な単語を選択肢の中から1つ選びなさい。

17. I can't see [　]. 　何も見えない

　① nothing 　② something 　③ anything 　④ everything

18. [　] of the restaurant　そのレストランの客

　① characters 　② visitors 　③ customers 　④ counters 　_____

1 Starting

19. get lost in the [   ]　霧の中で迷う
　　① forest　　　② fog　　　③ fig　　　④ fade　　　　＿＿＿

20. a Greek [   ]　ギリシャの神殿
　　① tempt　　　② temper　　　③ temple　　　④ temperature　　＿＿＿

4. 次の英語を日本語にしなさい。

21. talk on the cell phone　　　＿＿＿＿＿＿＿＿＿＿＿＿＿＿＿

22. I'm sure that he'll pass.　　＿＿＿＿＿＿＿＿＿＿＿＿＿＿＿

23. several years ago　　　　　＿＿＿＿＿＿＿＿＿＿＿＿＿＿＿

24. learn a foreign language　　＿＿＿＿＿＿＿＿＿＿＿＿＿＿＿

25. my whole life　　　　　　　＿＿＿＿＿＿＿＿＿＿＿＿＿＿＿

2 Fundamental

5. 次の日本語を英語にしなさい。

26. 私は7年生です。　　　　　　＿＿＿＿＿＿＿＿＿＿＿＿＿＿＿

27. 誰でもそれはできる。　　　　＿＿＿＿＿＿＿＿＿＿＿＿＿＿＿

28. 幸運を祈ります！　　　　　　＿＿＿＿＿＿＿＿＿＿＿＿＿＿＿

29. 仕事を見つけるのに苦労する　＿＿＿＿＿＿＿＿＿＿＿＿＿＿＿

30. 地球の温暖化　　　　　　　　＿＿＿＿＿＿＿＿＿＿＿＿＿＿＿

3 Essential

4 多義語

PLUS

1. Be (   ) to bring me the book tomorrow.　（日本工大）
　「明日その本を必ず持ってきなさい」
　　① careful　　② anxious　　③ eager　　④ sure　　＿＿＿

2. 下線部と同意の語句を選べ。　（駒沢大）
　On the whole, I agree with you.
　　① In fact　　② Entirely　　③ In general　　④ Completely　　＿＿＿

形容詞　『システム英単語 Basic〈5訂版〉』p. 84〜91　　解答冊子 p. 10

9 *Starting Stage* No. 241〜270 ／30

1. 次のフレーズの下線の語の意味を答えなさい。

1．No Smoking in Public Places ＿＿＿＿＿＿＿

2. 下線部には最もよくあてはまる語，また（　　）には適切な前置詞を入れなさい。

2．It is (n)＿＿＿＿＿ to stop him.　彼を止めることが必要だ

3．Germany is (f)＿＿＿＿＿（　　　　）its beer.　ドイツはビールで有名だ

4．be (a)＿＿＿＿＿（　　　　）making mistakes　誤りを犯すことを恐れる

5．be (b)＿＿＿＿＿（　　　　）part-time work　バイトでいそがしい

6．a very (e)＿＿＿＿＿ game　すごくおもしろいゲーム

7．get (a)＿＿＿＿＿（　　　）him　彼に腹を立てる

8．She is (f)＿＿＿＿＿ to others.　彼女は人に親切だ

9．Language is (u)＿＿＿＿＿（　　　）humans.　言語は人間特有のものだ

3. それぞれの指示に合う単語を答えなさい。

10．deep の反対語 ＿＿＿＿＿＿＿

11．true の反対語 ＿＿＿＿＿＿＿

12．wide の反対語 ＿＿＿＿＿＿＿

13．dead の動詞形 ＿＿＿＿＿＿＿

14．cheap の反対語 ＿＿＿＿＿＿＿

4. 次の単語の意味として適切なものを選択肢の中から１つ選びなさい。

15．alone　　　①静かな　　　②ひとりで　　　③自由に ＿＿＿＿

16．impossible　①不可欠な　　②不可解な　　③不可能な ＿＿＿＿

17．another　　①もう１つの　②残りの　　　③唯一の ＿＿＿＿

5. [   ] にあてはまる適切な単語を選択肢の中から１つ選びなさい。

18. It is [   ] to swim in the river.　その川で泳ぐのは危険だ
　　① terrible　　　② afraid　　　③ dangerous　　　④ harmful　　　_____

19. our [   ] lives　私たちの日常生活
　　① diary　　　② dearly　　　③ dairy　　　④ daily　　　_____

20. Be [   ] not to make this mistake.　この誤りをしないよう気をつけなさい
　　① capable　　　② careful　　　③ capital　　　④ casual　　　_____

6. 次の英語を日本語にしなさい。

21.　a tired body　　　_____

22.　a dark-haired girl　　　_____

7. 次の日本語を英語にしなさい。

23.　主な理由　　　_____

24.　全ての人は平等につくられている。　　_____

25.　重いかばんを運ぶ　　　_____

26.　彼はそれを聞いて驚いた。　　_____

27.　野生動物　　　_____

28.　普通の人々　　　_____

29.　中央アメリカ　　　_____

30.　それを聞いて私はうれしい。　　_____

PLUS

(1)　All family members were busy (　　) their various tasks.　（同志社大）
　　① do　　　② to do　　　③ did　　　④ doing　　　_____

(2)　The film made us laugh, but it was not really (　　).　（近畿大）
　　① excited　　　② exciting　　　③ to excite　　　④ excitement　　　_____

(3)　Don't you get (　　) eating instant food all the time?　（流通科学大）
　　① excited of　　② full of　　③ sick and tired of　　④ interested in　　_____

形容詞　『システム英単語 Basic〈5訂版〉』p. 91 〜 96　解答冊子 p. 11

⑩ *Starting Stage* No. 271〜300　　／30

1. 次の各フレーズの下線の語の意味を答えなさい。

1. <u>poor</u> countries　　　　　　　　　　　　　_____

2. walk on <u>thin</u> ice　　　　　　　　　　　　_____

2. 下線部には最もよくあてはまる語，また（　　）には適切な前置詞・動詞を入れなさい。

3. for (c)_____ use　商業用に

4. Be (h)_____ with yourself.　自分に正直になりなさい

5. He is (p)_____ (　　　　　) himself.　彼は自分に誇りを持っている

6. (　　　　　) (a)_____ in class　授業中に眠りこむ

7. be (c)_____ (　　　　　) fishing　釣りに夢中だ

8. be (a)_____ (　　　　　) school　学校を欠席している

9. feel (l)_____ without you　あなたがいなくてさびしい

10. have a (p)_____ interest　個人的な興味を持つ

3. 指示に合う単語を答えなさい。

11. dirty の反対語　　　　　　　　　　　　　_____

4. 次の単語の意味として適切なものを選択肢の中から1つ選びなさい。

12. local　　①田舎の　　　　②その土地の　　　③小規模な　　　_____

13. loud　　①太い　　　　　②大きい　　　　　③恐ろしい　　　_____

14. chief　　①いくつかの　　②主な　　　　　　③唯一の　　　　_____

15. smart　　①先細りの　　　②やせている　　　③利口な　　　　_____

16. elegant　①自由主義の　　②手の込んだ　　　③優雅な　　　　_____

17. blind　　①あいまいな　　②暗い　　　　　　③目の不自由な　_____

5. [　] にあてはまる適切な単語を選択肢の中から1つ選びなさい。

18. in the [　] light　明るい光の中で
① bright ② brave ③ blind ④ brief _____

19. [　] working hours　通常の勤務時間
① regulate ② register ③ regular ④ reign _____

20. keep a [　] speed　一定の速度を保つ
① conservative ② consistent ③ constant ④ considerable _____

21. a very [　] monkey　とても利口なサル
① clear ② right ③ clever ④ light _____

22. the [　] family　王室
① lawyer ② loyal ③ rotten ④ royal _____

23. speak in a [　] voice　やさしい声で話す
① general ② genuine ③ gentle ④ generous _____

24. [　] Indian food　おいしいインド料理
① delicious ② dear ③ domestic ④ delightful _____

25. It is [　] that he knows the answer.　彼が答えを知っているのは明らかだ
① clear ② assured ③ clean ④ sure _____

6. 次の英語を日本語にしなさい。

26. It is fair to say so. _____

27. smooth plastic _____

28. my lovely daughter _____

7. 次の日本語を英語にしなさい。

29. 海外旅行 _____

30. 上流階級の人々 _____

PLUS
左の語の下線部と同じ発音を含むものを選択肢の中から1つ選びなさい。
smooth ① bath ② bathe ③ south ④ worth _____

形容詞〜副詞・その他 『システム英単語 Basic〈5訂版〉』p. 96〜103　　解答冊子 p. 12

(11) *Starting Stage* No. 301〜330 　　／30

1. 次のフレーズの下線の語の意味を答えなさい。

1. a broad street 　　　　　　　　　　　　＿＿＿＿＿＿

2. 下線部には最もよくあてはまる語，また（　　）には適切な前置詞などを入れなさい。

2. watch TV (r)＿＿＿＿＿　（　　　　）study　勉強するよりテレビを見る

3. (P)＿＿＿＿＿ it's true.　ひょっとするとそれは本当かもしれない

4. use robots (i)＿＿＿＿＿　（　　　　）people　人の代わりにロボットを使う

5. (E)＿＿＿＿＿ you（　　　　）he is lying.　君か彼のどちらかがうそをついている

6. He (f)＿＿＿＿＿ found a job.　彼はやっと仕事を見つけた

7. It is strange (i)＿＿＿＿＿.　それは実に奇妙だ

8. (N)＿＿＿＿＿ Tom（　　　　）his wife is happy.　トムも奥さんも幸せではない

9. live (a)＿＿＿＿＿（　　　　）my parents　親から離れて暮らす

10. speak Japanese (f)＿＿＿＿＿ well　日本語をかなり上手に話す

11. His image was (b)＿＿＿＿＿ damaged.　彼のイメージはひどく傷ついた

3. それぞれの指示に合う単語を答えなさい。

12. active の反対語 　　　　　　　　　　　　＿＿＿＿＿＿

13. outside の反対語 　　　　　　　　　　　　＿＿＿＿＿＿

4. 次の単語の意味として適切なものを選択肢の中から1つ選びなさい。

14. actually 　①きっと　　②実は　　③たぶん 　　＿＿＿＿

15. abroad 　①かなたへ　②いなかへ　③外国へ 　　＿＿＿＿

5. [　] にあてはまる適切な単語を選択肢の中から1つ選びなさい。

16. drink coffee [　] every day　ほとんど毎日コーヒーを飲む
① alike　　② always　　③ altogether　　④ almost

17. be [　] different　まったく異なっている
① quite　　② rarely　　③ almost　　④ slightly

18. She hasn't arrived [　　　]. 彼女はまだ到着していない
　　① finally　　　② ahead　　　③ yet　　　④ before　　　_____

19. The river is beautiful, [　　] in summer. その川は特に夏美しい
　　① scarcely　　② especially　　③ possibly　　④ obviously　　_____

20. I like it [　　] because it's useful. それが好きなのは単に役立つからだ
　　① probably　　② mainly　　③ simply　　④ similarly　　_____

21. Ask someone [　　　]. だれか他の人に聞いて
　　① other　　　② else　　　③ another　　　④ either　　　_____

22. a [　　] developed society　高度に発達した社会
　　① hardly　　② hard　　③ highly　　④ high　　_____

23. go [　　] to the room　まっすぐ部屋に行く
　　① straight　　② forward　　③ steadily　　④ fiercely　　_____

24. "Did you win?" "[　　　]." 「勝ったのか？」「当然さ」
　　① Naturally　　② Narrowly　　③ Nearly　　④ Neither　　_____

6. 次の英語を日本語にしなさい。

25. search for intelligent life in space　_____

26. Unfortunately, he didn't come.　_____

7. 次の日本語を英語にしなさい。

27. 丸いテーブル　_____

28. 前へ進む　_____

29. まっすぐ前を見る　_____

30. 前後に動く　_____

PLUS

1. 下線部の中で誤っている箇所を１つ選びなさい。　（同志社大）
　① In the early days when the west ② was being settled, horses were the
　③ main mode of transportation, so ④ almost pioneers rode well.　_____

2. 左の語の下線部と同じ発音を含むものを選択肢の中から１つ選びなさい。
　abroad　　① broad　　② coat　　③ road　　④ soap　　_____

副詞・その他『システム英単語 Basic〈5訂版〉』p. 103〜107　　解答冊子 p. 13

12 *Starting Stage* No. 331〜350　　/20

1. 下線部には最もよくあてはまる語，また（　）には適切な前置詞などを入れなさい。

1. I've (a)＿＿＿＿＿＿ seen the movie.　その映画はすでに見た

2. live (f)＿＿＿＿＿＿（　　　）home　家から遠く離れて暮らす

3. You can go (a)＿＿＿＿＿＿.　どこでも行っていいよ

4. (b)＿＿＿＿＿＿ the husband（　　　）wife　夫も妻も両方

5. (e)＿＿＿＿＿＿ in the world　世界のいたるところで

6. (h)＿＿＿＿＿＿（　　　）the movie　その映画の中ほどで

7. Would you stay here (w)＿＿＿＿＿＿ I'm away?

　　　　　　　　　　　　　私が留守の間ここにいてくれますか

8. (T)＿＿＿＿＿＿ it was late, I called him.　遅かったけれども彼に電話をした

9. (A)＿＿＿＿＿＿ it was raining, I went out.　雨だったが私は外出した

2. 指示に合う単語を答えなさい。

10. left の反対語　　　　　　　　　　　　＿＿＿＿＿＿

3. [　] にあてはまる適切な単語を選択肢の中から1つ選びなさい。

11. He came back three years [　　]. 彼は3年後に戻ってきた
① late　② lately　③ latter　④ later　＿＿＿

12. Bill [　] met Tracy. ビルもトレーシーに会った
① alike　② apart　③ also　④ all　＿＿＿

13. It's moving [　] him. それは彼の方に向かって動いている
① toward　② therefore　③ through　④ though　＿＿＿

14. live [　] a car　車なしで暮らす
① beside　② whether　③ instead　④ without　＿＿＿

15. [　] the war　戦争の間
① daring　② during　③ doing　④ dealing　＿＿＿

4. 次の英語を日本語にしなさい。

16. go upstairs to the bedroom _____

17. Have you ever been to Italy? _____

5. 次の日本語を英語にしなさい。

18. 中心街へ行く _____

19. とにかくありがとう。 _____

20. いつでも私に電話していいよ。 _____

1 Starting

2 Fundamental

3 Essential

4 多義語

下線部の中で誤っている箇所を１つ選びなさい。　（関西学院大）

Elvis Presley, ① whom ② many people consider the King of Rock, wrote ③ some
of his early music ④ during he was driving a truck.　_____

13 *Fundamental Stage*　No. 351〜380　　／30

1. 次の各フレーズの下線の語の意味を答えなさい。

1. <u>expect</u> you to arrive soon　＿＿＿＿＿＿
2. <u>continue</u> to grow fast　＿＿＿＿＿＿
3. <u>suggest</u> a new way　＿＿＿＿＿＿
4. <u>support</u> the president　＿＿＿＿＿＿
5. <u>improve</u> living conditions　＿＿＿＿＿＿

2. 下線部には最もよくあてはまる語，また（　）には適切な前置詞を入れなさい。

6. (i)＿＿＿＿＿（　　）20%　20%増加する
7. (r)＿＿＿＿＿ the mountain top　山頂に達する
8. be (f)＿＿＿＿＿（　　）work　働くよう強制される
9. (w)＿＿＿＿＿（　　）money　お金のことを心配する
10. Everything (d)＿＿＿＿＿（　　）him.　すべては彼しだいだ
11. (s)＿＿＿＿＿ a room（　　）a friend　友人と部屋を共有する

3. それぞれの指示に合う単語を答えなさい。

12. include の反対語　＿＿＿＿＿＿
13. allow の同意語（2つ答えなさい）　(p)＿＿＿＿＿, (l)＿＿＿＿＿
14. base の形容詞形　＿＿＿＿＿＿
15. recognize の名詞形　＿＿＿＿＿＿

4. 次の単語の意味として適切なものを選択肢の中から1つ選びなさい。

16. consider　①を考慮する　②を議論する　③を心配する　＿＿＿
17. remain　①ふりをする　②ままでいる　③ように見える　＿＿＿
18. realize　①を犯す　②を悟る　③を見逃す　＿＿＿
19. hire　①を解雇する　②を派遣する　③を雇う　＿＿＿

5. [　　] にあてはまる適切な単語を選択肢の中から1つ選びなさい。

20. [　　] a unique ability　特異な能力を発達させる

① arise　　　　② arrive　　　　③ defy　　　　④ develop　　　_____

21. [　　] help to the poor　貧しい人に援助を申し出る

① obtain　　　　② occupy　　　　③ offer　　　　④ oppose　　　_____

22. [　　] more attention　もっと注意を必要とする

① acquire　　　　② inquire　　　　③ require　　　　④ squire　　　_____

23. [　　] more freedom　もっと自由を要求する

① demand　　　　② depend　　　　③ dispense　　　　④ descend　　　_____

6. 次の日本語を英語にしなさい。

24. 彼女の助言に従う　　　　　　　_____

25. 真実を語る決意をする　　　　　_____

26. 彼に情報を与える　　　　　　　_____

27. 彼はどこに行ったのかと思う　　_____

28. その車には5万ドルかかった。　_____

29. 腹を立てがちである　　　　　　_____

30. 彼を友達とみなす　　　　　　　_____

PLUS

1. 左の語の下線部と同じ発音を含むものを選択肢の中から1つ選びなさい。

allow　　　　① low　　　② how　　　③ call　　　④ road　　　____

2. 誤りを正しなさい。

I demanded him to tell me the answer.　　_____

3. (　　) に入れるのに最も適当なものを選択肢の中から1つ選びなさい。

"Do you still plan to go to Hawaii this winter vacation?"

"Yes, and I wish you'd consider (　　　) with me."

① go　　　　② going　　　③ to go　　　④ to going　　　____

⑴動詞　『システム英単語 Basic〈5訂版〉』p. 116 〜 122　　解答冊子 p. 15

14 *Fundamental Stage*　No. 381〜410　　／30

1. 次の各フレーズの下線の語の意味を答えなさい。

1．reduce energy costs _____
2．treat him like a child _____
3．establish a company _____
4．gain useful knowledge _____
5．Never mention it again. _____

2. 下線部には最もよくあてはまる語，また（　）には適切な前置詞を入れなさい。

6．You are (s)_____（　　　　）wear a seat belt.
　　　　　　　　　　　　　シートベルトを締めることになっている
7．(p)_____ tea（　　　）coffee　コーヒーよりお茶を好む
8．(c)_____（　　　　）the patients　患者たちを元気づける
9．(s)_____ heavy damage　ひどい損害を受ける
10．What does this word (r)_____（　　　）?　この語は何を指示するか
11．(s)_____ the city（　　　）water　その都市に水を供給する
12．(s)_____（　　　）the stolen car　盗難車を捜す

3. それぞれの指示に合う単語を答えなさい。

13．describe の名詞形 _____
14．encourage の反対語 _____
15．prove の名詞形 _____
16．respond の名詞形 _____

4. 次の単語の意味として適切なものを選択肢の中から１つ選びなさい。

17．notice　　①に気づく　　②を引き起こす　　③を防止する　_____

18.	relate	①関係がある	②同時に生じる	③取り違える	_____
19.	spread	①をおりたたむ	②を取りかえる	③を広げる	_____
20.	apply	①当てはまる	②供給する	③守る	_____
21.	claim	①と苦情を言う	②と主張する	③と想像する	_____

5. [　　] にあてはまる適切な単語を選択肢の中から1つ選びなさい。

22. [　　] both hands　両手を上げる

① blow　　　　② bring　　　　③ raise　　　　④ rise　　　_____

23. [　　] a room for a guest　客のために部屋を準備する

① prepare　　② preserve　　③ proceed　　④ provide　　_____

24. [　　] help from the police　警察に助けを求める

① save　　　　② search　　　③ seek　　　　④ spare　　　_____

6. 次の日本語を英語にしなさい。

25. 彼が眠るのをさまたげる　　　　_____

26. 塩を砂糖とまちがえる　　　　　_____

27. 日本と中国を比較する　　　　　_____

28. 森林を破壊する　　　　　　　　_____

29. 地図を描く　　　　　　　　　　_____

30. 希望を捨てるのを拒む　　　　　_____

PLUS

1. (　　) に入れるのに最も適当なものを選択肢の中から1つ選びなさい。　(近畿大)

(　　) you were President, what would you do?

① Suppose　② Supposed　③ Supposedly　④ Supposition　_____

2. アクセントの位置が異なるものを1つ選びなさい。

① regard　② refer　③ prefer　④ suffer　_____

1 Starting

2 Fundamental

3 Essential

4 多義語

(1)動詞　『システム英単語 Basic〈5訂版〉』p. 122〜127　　解答冊子 p. 16

15 *Fundamental Stage*　No. 411〜440　　／30

1. 次の各フレーズの下線の語の意味を答えなさい。

1. I admit that I was wrong.　　＿＿＿＿＿
2. reflect the mood of the times　　＿＿＿＿＿
3. feed a large family　　＿＿＿＿＿
4. reveal a surprising fact　　＿＿＿＿＿

2. 下線部には最もよくあてはまる語，また（　）には適切な前置詞を入れなさい。

5. (j)＿＿＿ a person (　) his looks　人を外見で判断する
6. The book (b)＿＿＿ (　) Howard.　その本はハワードのものだ
7. (a)＿＿＿ (　) the Asian market　アジア市場をねらう
8. can't (a)＿＿＿ (　) buy a Ford　フォードの車を買う余裕がない

3. それぞれの指示に合う単語・熟語を答えなさい。

9. survive の名詞形　　＿＿＿＿＿
10. represent の同意熟語　　＿＿＿ ＿＿＿
11. replace の同意熟語　　＿＿＿ ＿＿＿ ＿＿＿ ＿＿＿
12. vary の形容詞形（2つ答えなさい）　(v)＿＿＿, (v)＿＿＿

4. 次の単語の意味として適切なものを選択肢の中から1つ選びなさい。

13. perform　①を行う　②を計画する　③を形成する　＿＿
14. indicate　①に関連する　②を指し示す　③を否定する　＿＿
15. acquire　①をあやつる　②を習得する　③を分析する　＿＿
16. decline　①混乱する　②衰退する　③よみがえる　＿＿
17. confuse　①を共感させる　②を絶望させる　③を当惑させる　＿＿
18. remove　①を引退する　②を移す　③を取り付ける　＿＿

5. [　]にあてはまる適切な単語を選択肢の中から１つ選びなさい。

19. The plane is [　] Chicago.　飛行機はシカゴに接近している
① achieving　　② approaching　　③ preceding　　④ proceeding　　_____

20. [　] that he is right　彼は正しいと主張する
① accept　　② argue　　③ assume　　④ attain　　_____

21. [　] to his letter　彼の手紙に返事をする
① answer　　② comment　　③ notice　　④ reply　　_____

22. The job [　] you.　その仕事は君に合っている
① appropriates　　② composes　　③ matches　　④ suits　　_____

23. the [　] population of Japan　日本の推定人口
① estimated　　② exclaimed　　③ expanded　　④ extended　　_____

24. [　] money for the family　家族のためにお金をかせぐ
① consume　　② earn　　③ extinguish　　④ spend　　_____

6. 次の日本語を英語にしなさい。

25. すごく退屈な映画　　_____
26. 自由を当然と考える　　_____
27. 現実から逃避する　　_____
28. 日本は海に囲まれている。　　_____
29. 高校を卒業する　　_____
30. フランスに行くと言い張る　　_____

PLUS

1. We insisted that this project (　) immediately.　（福島大）
① carries　　　② be carried out
③ to be carried out　　　④ will carry out　　____

2. 下線部の意味と最も近いものを１つ選びなさい。　（日本大）
A person who stays at home all the time gets fed up with everything.
① accustomed to　　② satisfied with　　③ tired of　　④ used to　　____

(1)動詞　『システム英単語 Basic〈5訂版〉』p. 127 ～ 133　　解答冊子 p. 17

16 *Fundamental Stage* No. 441～470 ／30

1. 次の各フレーズの下線の語の意味を答えなさい。

1. match him in power　　　　　　　　　　　　　＿＿＿＿＿＿＿＿
2. hurt her feelings　　　　　　　　　　　　　　＿＿＿＿＿＿＿＿
3. admire her work　　　　　　　　　　　　　　＿＿＿＿＿＿＿＿
4. preserve forests　　　　　　　　　　　　　　＿＿＿＿＿＿＿＿

2. 下線部には最もよくあてはまる語，また（　　）には適切な前置詞を入れなさい。

5. (r)＿＿＿＿＿＿ him (　　　　) the promise　彼に約束を思い出させる
6. (f)＿＿＿＿＿＿ (　　　　) the problem　その問題に焦点を合わせる
7. Health is (a)＿＿＿＿＿＿ (　　　　) happiness.　健康は幸福と関連している
8. (r)＿＿＿＿＿＿ (　　　　) their power　彼らの力に頼る
9. (b)＿＿＿＿＿＿ others (　　　　) the failure　失敗を他人のせいにする
10. The book (c)＿＿＿＿＿＿ (　　　　) six lessons.　その本は6課で構成されている
11. be (d)＿＿＿＿＿＿ (　　　　) the test results　試験の結果に失望する

3. それぞれの指示に合う単語・熟語を答えなさい。

12. examine の同意熟語（3つ答えなさい）

　　(l)＿＿＿＿＿ ＿＿＿＿, (g)＿＿＿＿＿ ＿＿＿＿, (g)＿＿＿＿＿ ＿＿＿＿

13. convince の名詞形　　　　　　　　　　　　　＿＿＿＿＿＿＿＿
14. attract の形容詞形　　　　　　　　　　　　　＿＿＿＿＿＿＿＿
15. extend の名詞形　　　　　　　　　　　　　　＿＿＿＿＿＿＿＿

4. 次の単語の意味として適切なものを選択肢の中から1つ選びなさい。

16. connect　①を切り離す　②をつなぐ　③を比較する　＿＿＿＿＿
17. rush　①急いで行く　②通う　③連絡する　＿＿＿＿＿
18. adopt　①を構築する　②を採用する　③を適応させる　＿＿＿＿＿

19. operate　　①移る　　　　②作動する　　　③終了する　　＿＿＿＿
20. arrange　　①の手はずを整える　②を開催する　③を飾る　　＿＿＿＿

5. [　　] にあてはまる適切な単語を選択肢の中から１つ選びなさい。

21. [　　] him of the danger　彼に危険を警告する
　①convince　②alter　③upset　④warn　　＿＿＿＿

22. [　　] the need for information　情報の必要性を強調する
　①stress　②force　③enforce　④repress　　＿＿＿＿

23. [　　] the bottle well　ビンをよく振る
　①stir　②shatter　③shake　④shrink　　＿＿＿＿

24. [　　] business overseas　海外へ事業を拡大する
　①emphasize　②encounter　③exhaust　④expand　　＿＿＿＿

25. [　　] his sleep　彼の睡眠をさまたげる
　①despair　②despise　③dictate　④disturb　　＿＿＿＿

6. 次の日本語を英語にしなさい。

26. 世界平和に貢献する　＿＿＿＿＿＿＿＿＿＿＿＿＿
27. 提案を拒否する　＿＿＿＿＿＿＿＿＿＿＿＿＿
28. 家を出たのを後悔する　＿＿＿＿＿＿＿＿＿＿＿＿＿
29. 彼らを説得して帰らせる　＿＿＿＿＿＿＿＿＿＿＿＿＿
30. 自由になろうともがく　＿＿＿＿＿＿＿＿＿＿＿＿＿

PLUS

1. 下線部の意味と最も近いものを１つ選びなさい。　（東京理科大）
They are said to have had a calendar consisting of ten months of 30 days each.
①composing of　②excluding　③made up of　④persisting　＿＿＿

2. 次の文を日本語にしなさい。
CO_2 contributes to global warming.　＿＿＿＿＿＿＿＿＿＿＿

(1)動詞 『システム英単語 Basic〈5訂版〉』p. 133～139　解答冊子 p. 18

17　*Fundamental Stage*　No. 471～500　／30

1. 次の各フレーズの下線の語の意味を答えなさい。

1. <u>encounter</u> many difficulties　＿＿＿＿＿＿＿＿

2. <u>combine</u> song and dance　＿＿＿＿＿＿＿＿

3. <u>repair</u> the car　＿＿＿＿＿＿＿＿

4. at an <u>amazing</u> speed　＿＿＿＿＿＿＿＿

2. 下線部には最もよくあてはまる語，また（　　）には適切な前置詞を入れなさい。

5. (e)＿＿＿＿＿＿（　　　　） volunteer activities　ボランティア活動に従事する

6. (a)＿＿＿＿＿＿ students with jokes　冗談で学生を笑わせる

7. (c)＿＿＿＿＿＿（　　　　） what he is saying　彼の話に集中する

8. (P)＿＿＿＿＿＿ me.　ごめんなさい

9. (r)＿＿＿＿＿＿ him (　　　　) work　仕事から彼を解放する

10. I (s)＿＿＿＿＿＿ that he is a spy.　私は彼がスパイではないかと思う

11. The office is (l)＿＿＿＿＿＿（　　　　） the area.　オフィスはその地域にある

3. それぞれの指示に合う単語を答えなさい。

12. import の反対語　＿＿＿＿＿＿＿＿

13. remark の形容詞形　＿＿＿＿＿＿＿＿

14. recover の名詞形　＿＿＿＿＿＿＿＿

15. deliver の名詞形　＿＿＿＿＿＿＿＿

4. 次の単語・熟語の意味として適切なものを選択肢の中から1つ選びなさい。

16. puzzle　　　①に影響を受ける　　②に質問する　　③を当惑させる　　＿＿＿＿

17. appeal to A　① A に訴える　　　② A に逆らう　　③ A をひきつける　＿＿＿＿

18. manufacture　①を製造する　　　②を設計する　　③を輸出する　　　＿＿＿＿

5. ［　　］にあてはまる適切な単語を選択肢の中から１つ選びなさい。

19. ［　　］ foreign workers　外国人労働者を雇う
    ① elect　　　② employ　　　③ erect　　　④ imply　　　_____

20. an ［　　］ pet　捨てられたペット
    ① abandoned　② abused　　③ adored　　④ assessed　　_____

21. ［　　］ prices　価格を示す
    ① depict　　② dictate　　③ display　　④ distinguish　_____

22. a ［　　］ story　夢中にさせる物語
    ① fascinating　② feeding　③ floating　④ flourishing　_____

23. ［　　］ experiences　ぞっとするような経験
    ① fought　② freed　③ freighted　④ frightening　_____

24. ［　　］ a high position　高い地位を占める
    ① oblige　② occupy　③ oppose　④ oppress　_____

6. 次の日本語を英語にしなさい。

25. おじゃましてすみませんが…　　_____
26. 新しい文化に適応する　　_____
27. 彼の到着を遅らせる　　_____
28. ホテルの部屋を予約する　　_____
29. アパートを借りる　　_____
30. 目で人の本人確認をする　　_____

PLUS

(1) Charlie：If you like, I could do the dishes.
　　Jean：(　　) I can do it myself later.　（龍谷大）
　① Don't make trouble, please.　② No, don't bother.
　③ You have no trouble doing that.　④ No, nothing like that.　____

(2) Because of the heavy snow I (　　) if she will be able to come in time.
　　　　　　　　　　　　　　　　　　　　　　　　（東京電機大）
　① doubt　② suppose　③ suspect　④ am afraid　____

(1)動詞～(2)名詞　『システム英単語 Basic〈5訂版〉』p. 139～145　　解答冊子 p. 19

18 **Fundamental Stage** No. 501～530 ／30

1. 次の各フレーズの下線の語の意味を答えなさい。

1. <u>perceive</u> danger ＿＿＿＿＿＿

2. <u>stretch</u> my legs ＿＿＿＿＿＿

3. put a high <u>value</u> on education ＿＿＿＿＿＿

2. 下線部には最もよくあてはまる語，また（　　）には適切な前置詞を入れなさい。

4. be (e)＿＿＿＿＿＿（　　　　）danger　危険にさらされる

5. (t)＿＿＿＿＿＿ a novel（　　　　）English　小説を英語に翻訳する

6. (c)＿＿＿＿＿＿ him（　　　　）his illness　彼の病気を治す

7. (a)＿＿＿＿＿＿（　　　　）a new school　新しい学校に慣れる

8. (a)＿＿＿＿＿＿ him in his work　彼の仕事を手伝う

9. be (e)＿＿＿＿＿＿ by the mistake　そのまちがいが恥ずかしい

10. (a)＿＿＿＿＿＿（　　　　）their marriage　2 人の結婚を承認する

11. (w)＿＿＿＿＿＿ 65 kilograms　65 キロの重さがある

12. trees (d)＿＿＿＿＿＿（　　　　）lights　電球で飾られた木々

13. (f)＿＿＿＿＿＿ him（　　　　）being late　彼の遅刻を許す

14. be (s)＿＿＿＿＿＿ on the bench　ベンチで座っている

3. 次の単語の意味として適切なものを選択肢の中から 1 つ選びなさい。

15. own　　①を借りる　　②を所有している　③を譲渡する　＿＿＿＿

16. shift　　①を入れる　　②を変える　　　③をまわす　　＿＿＿＿

17. society　①経済　　　　②産業　　　　　③社会　　　　＿＿＿＿

4. [　　] にあてはまる適切な単語を選択肢の中から 1 つ選びなさい。

18. be [　　] by the noise　その音にぎょっとする

　　① alarmed　　② allowed　　③ appealed　　④ approached　＿＿＿＿

19. [　　] Picasso's works　ピカソの作品を展示する
　　① engage　　　② enroll　　　③ exhibit　　　④ exploit　　　_____

20. [　　] his birthday　彼の誕生日を祝う
　　① celebrate　　② cherish　　③ congratulate　④ convert　　　_____

21. [　　] a wedding dress　ウエディングドレスを縫う
　　① saw　　　　② sew　　　　③ sought　　　④ sow　　　　_____

22. [　　] of human language　人類の言語の特徴
　　① features　　② forecasts　　③ formulas　　④ furniture　　_____

23. the greenhouse [　　] of CO₂　二酸化炭素の温室効果
　　① affection　　② conflict　　③ effect　　　④ infection　　_____

5. 次の英語を日本語にしなさい。

24. a frozen stream　　　　　　　_____

6. 次の日本語を英語にしなさい。

25. パーティを台無しにする　　　_____

26. 会議に参加する　　　　　　　_____

27. 私の成功はあなたのおかげだ。　_____

28. その事故で負傷する　　　　　_____

29. テストの結果　　　　　　　　_____

30. 水車　　　　　　　　　　　　_____

PLUS

1．下線部と最も意味が近いものを１つ選びなさい。　（関西外語大）
The week before she died she took part in a tennis match.
　① promoted　② participated　③ managed　④ recorded　　_____

2．（　　）に入れるのに最も適当なものを１つ選びなさい。

(1) The match resulted (　　) a goalless draw after extra time.　（上智大）
　① from　　　② to　　　　③ with　　　④ in　　　_____

(2) Without your (　　) help, I should have failed in my attempt to cross the Pacific Ocean.　（名古屋外語大）
　① valueless　② invaluable　③ invalid　④ value　　_____

(2)名詞　『システム英単語 Basic〈5訂版〉』p. 145〜151　解答冊子 p. 20

19 **Fundamental Stage**　No. 531〜560　　／30

1. 次の各フレーズの下線の語の意味を答えなさい。

1. a <u>sign</u> of spring　　　　　　　　　　＿＿＿＿＿
2. produce new <u>materials</u>　　　　　　　　＿＿＿＿＿
3. a center of heavy <u>industry</u>　　　　　　＿＿＿＿＿
4. Read the following <u>passage</u>.　　　　　　＿＿＿＿＿
5. a government <u>official</u>　　　　　　　　＿＿＿＿＿
6. differ in <u>appearance</u>　　　　　　　　＿＿＿＿＿

2. 下線部には最もよくあてはまる語，また（　　）には適切な前置詞を入れなさい。

7. have a bad (i)＿＿＿＿＿（　　　　）children　子供に悪い影響を与える
8. charge a (f)＿＿＿＿＿ for the service　サービス料を請求する
9. （　　　）the (r)＿＿＿＿＿ of 40% a year　年40%の割合で
10. You've made (p)＿＿＿＿＿（　　　　）English.　君の英語は進歩した
11. make an (a)＿＿＿＿＿（　　　　）the doctor　医者に予約する

3. それぞれの指示に合う単語を答えなさい。

12. patient の反対語（形容詞）　　　　　　＿＿＿＿＿
13. benefit の形容詞形　　　　　　　　　　＿＿＿＿＿

4. 次の単語の意味として適切なものを選択肢の中から1つ選びなさい。

14. individual　①個人　　②視点　　③集団　　＿＿＿
15. laughter　①笑い　　②笑う人　　③笑わせる人　＿＿＿
16. trade　①関係　　②条約　　③貿易　　＿＿＿
17. custom　①機会　　②習慣　　③長所　　＿＿＿
18. track　①運搬　　②尾　　③足跡　　＿＿＿
19. taste　①味　　②色　　③香り　　＿＿＿

20. range ①角度 ②地域 ③範囲 ＿＿＿＿＿

21. project ①会議 ②計画 ③提携 ＿＿＿＿＿

5. [   ] にあてはまる適切な単語を選択肢の中から1つ選びなさい。

22. water and gas [   ] 水道とガスの事業
① segment ② service ③ situation ④ substance ＿＿＿＿

23. an [   ] to break the record 記録を破ろうとする試み
① access ② asset ③ attempt ④ award ＿＿＿＿

24. make an [   ] to leave early 早く帰るための言い訳をする
① equation ② escape ③ estate ④ excuse ＿＿＿＿

25. love at first [   ] 一目ぼれ
① sight ② sign ③ slight ④ stake ＿＿＿＿

6. 次の日本語を英語にしなさい。

26. 科学技術の進歩 ＿＿＿＿＿＿＿＿＿＿＿＿＿＿

27. 市場経済 ＿＿＿＿＿＿＿＿＿＿＿＿＿＿

28. 公共交通機関を使う ＿＿＿＿＿＿＿＿＿＿＿＿＿＿

29. 頼みをきいてもらえませんか ＿＿＿＿＿＿＿＿＿＿＿＿＿＿

30. お金を失う危険を冒す ＿＿＿＿＿＿＿＿＿＿＿＿＿＿

PLUS

1. 下線部の意味に最も近いものを1つ選びなさい。 （神戸学院大）
The demand for grain is projected to go up.
① made ② planned ③ estimated ④ told ＿＿＿＿

2. （   ）に入れるのに最も適当なものを1つ選びなさい。
(1) May I ask a favor (   ) you? （東邦大）
① from ② for ③ of ④ to ＿＿＿＿

(2) Shigeru had a bad toothache yesterday morning, so he made an afternoon
(   ) with his dentist. （南山大）
① appointment ② date ③ promise ④ reservation ＿＿＿＿

(3) He wants to see the exhibition, though the (   ) is very high. （関東学院大）
① fare ② fee ③ pay ④ wage ⑤ money ＿＿＿＿

(2)名詞　『システム英単語 Basic〈5訂版〉』p. 151〜156　　解答冊子 p. 21

20 *Fundamental Stage*　No. 561〜590　　　／30

1. 次の各フレーズの下線の語の意味を答えなさい。

1. residents of New York _____

2. their relatives and friends _____

3. the principle of free trade _____

4. the scene of the accident _____

5. the medium of communication _____

6. give a cry of delight _____

7. a deserted road in the desert _____

8. people from different backgrounds _____

2. 下線部には最もよくあてはまる語，また（　　）には適切な前置詞を入れなさい。

9. a pair of identical (t)_____ 　一組の一卵性双生児

10. (_____) special (o)_____ 　特別な場合に

11. avoid traffic (j)_____ 　交通渋滞を避ける

12. the first (q)_____ of this century　今世紀の最初の4分の1

13. a room with little (f)_____ 　家具の少ない部屋

14. a (r)_____ (_____) hard work　努力の報酬

15. a (t)_____ (_____) fewer children　少子化の傾向

3. それぞれの指示に合う単語を答えなさい。

16. mass の形容詞形 _____

17. element の形容詞形 _____

18. security の形容詞形 _____

4. 次の単語の意味として適切なものを選択肢の中から１つ選びなさい。

19. region ①気候 ②地域 ③地形 ＿＿＿＿
20. characteristic ①人格 ②人物 ③特徴 ＿＿＿＿
21. duty ①義務 ②許可 ③権利 ＿＿＿＿
22. spirit ①原則 ②精神 ③力点 ＿＿＿＿
23. atmosphere ①上空 ②大気 ③天候 ＿＿＿＿

5. [ ] にあてはまる適切な単語を選択肢の中から１つ選びなさい。

24. the history [ ] 歴史学科
① department ② departure ③ distinction ④ district ＿＿＿＿
25. the French [ ] フランス革命
① conception ② evolution ③ restoration ④ revolution ＿＿＿＿

6. 次の日本語を英語にしなさい。

26. 鋭い痛みを感じる ＿＿＿＿＿＿＿＿＿＿
27. 大勢の観客を集める ＿＿＿＿＿＿＿＿＿＿
28. 地球規模の気候変動 ＿＿＿＿＿＿＿＿＿＿
29. 人間の脳 ＿＿＿＿＿＿＿＿＿＿
30. 私有財産 ＿＿＿＿＿＿＿＿＿＿

PLUS

１．下線部の発音が他と異なるものを１つ選びなさい。
① certain ② concert ③ dessert ④ professor ＿＿＿

２．We have too ( ) in our apartment. （東京理科大）
① much furniture ② many furniture
③ much furnitures ④ many furnitures ＿＿＿

⑵名詞〜⑶形容詞　『システム英単語 Basic〈5訂版〉』p. 156〜162　解答冊子 p. 22

(21) Fundamental Stage No. 591〜620　／30

1. 次の各フレーズの下線の語の意味を答えなさい。

1. social interaction with others ＿＿＿＿＿
2. physical beauty ＿＿＿＿＿
3. an obvious mistake ＿＿＿＿＿

2. 下線部には最もよくあてはまる語，また（　）には適切な前置詞を入れなさい。

4. a negative (i)＿＿＿（　）the environment　環境に対する悪い影響
5. an (a)＿＿＿（　）oil　石油の代わりになるもの
6. He is (l)＿＿＿（　）win.　彼が勝つ可能性が高い
7. information (a)＿＿＿（　）everyone　みんなが利用できる情報
8. be (f)＿＿＿（　）Japanese culture　日本の文化にくわしい
9. be (i)＿＿＿（　）the accident　事故に巻き込まれている

3. それぞれの指示に合う単語を答えなさい。

10. capacity の同意語 ＿＿＿＿＿
11. volunteer の形容詞形 ＿＿＿＿＿
12. quantity の反対語 ＿＿＿＿＿
13. rough の反対語 ＿＿＿＿＿
14. private の反対語 ＿＿＿＿＿

4. 次の単語の意味として適切なものを選択肢の中から1つ選びなさい。

15. vote　①拒否　②賛成　③投票　＿＿＿
16. serious　①ささいな　②深刻な　③微妙な　＿＿＿
17. particular　①ある特定の　②全面的な　③部分的な　＿＿＿

5. [　] にあてはまる適切な単語を選択肢の中から１つ選びなさい。

18. educational [　　] 教育機関
① instincts　② institutions　③ instructions　④ instruments　_____

19. a travel [　　] 旅行代理店
① adapter　② agency　③ arranger　④ client　_____

20. the Italian [　　] イタリアの大臣
① agent　② minister　③ officer　④ president　_____

21. a [　　] of science 科学の一分野
① benefit　② border　③ branch　④ breakdown　_____

22. the [　　] answer 正しい答え
① chronic　② collect　③ complicated　④ correct　_____

23. I had a [　　] time. 私はすばらしい時をすごした
① fantastic　② fierce　③ fortunate　④ furious　_____

24. a [　　] language 母語
① naive　② nation　③ native　④ naval　_____

6. 次の日本語を英語にしなさい。

25. 子供に害を与えない　_____

26. インターネットを利用できる　_____

27. 共通の言語　_____

28. 二言語使用の子どもたち　_____

29. 出発の用意ができている。　_____

30. その本は読む価値がある。　_____

PLUS

(1) These two plants are different in almost every way. The only feature they have (　　) is their need for dry soil.
① by chance　② by nature　③ in common　④ in turn　____

(2) Margaret liked all her classes, but she enjoyed her music class in (　　).
① all　② detail　③ particular　④ special　____

(3) His reputation as a physician is familiar (　　) us.　（桜美林大）
① on　② to　③ with　④ for　____

⑶形容詞 『システム英単語 Basic〈5訂版〉』p. 162～168　　解答冊子 p. 23

22 *Fundamental Stage*　No. 621～650　　／30

1. 次の各フレーズの下線の語の意味を答えなさい。

1. the proper use of words ＿＿＿＿＿＿＿

2. a chemical reaction ＿＿＿＿＿＿＿

3. a specific individual ＿＿＿＿＿＿＿

4. a reasonable explanation ＿＿＿＿＿＿＿

5. make a moral judgment ＿＿＿＿＿＿＿

6. drive away evil spirits ＿＿＿＿＿＿＿

2. 下線部には最もよくあてはまる語，また（　　）には適切な前置詞を入れなさい。

7. He is (c)＿＿＿＿＿＿　　（　　　　　）doing the job.　彼はその仕事をする能力がある

8. He is (i)＿＿＿＿＿＿　　（　　　　　）his parents.　彼は親から独立している

9. be (s)＿＿＿＿＿＿　　（　　　　）others　他の人よりすぐれている

3. それぞれの指示に合う単語を答えなさい。

10. male の反対語 ＿＿＿＿＿＿＿

11. positive の反対語 ＿＿＿＿＿＿＿

12. pleasant の名詞形 ＿＿＿＿＿＿＿

13. previous の反対語 ＿＿＿＿＿＿＿

14. efficient の名詞形 ＿＿＿＿＿＿＿

4. 次の単語の意味として適切なものを選択肢の中から1つ選びなさい。

15. complex 　①完全な 　②公共の 　③複雑な ＿＿＿＿

16. significant 　①細かい 　②重要な 　③無意味な ＿＿＿＿

17. upset 　①絶望している 　②動揺している 　③ゆううつな ＿＿＿＿

18. calm 　①新鮮な 　②積極的な 　③冷静な ＿＿＿＿

19. nervous 　①神経質な 　②とほうにくれた 　③悲観的な ＿＿＿＿

20. alike   ①愛し合っている   ②似ている   ③人気がある   _____

21. remarkable   ①覚えられる   ②悲しむべき   ③すばらしい   _____

5. [　] にあてはまる適切な単語を選択肢の中から1つ選びなさい。

22. the [　　] international situation　今日の国際状況
　　① comfortable　② common　③ constant　④ current　_____

23. health-[　　] Americans　健康を意識するアメリカ人
　　① conscientious　② conscious　③ controversial　④ convenient　_____

24. a [　　] street　狭い通り
　　① narrow　② small　③ tight　④ tiny　_____

25. a [　　] answer　否定的な答
　　① naked　② native　③ negative　④ nervous　_____

26. be [　　] to study in the US　アメリカ留学を熱望する
　　① eager　② earnest　③ enlightened　④ equal　_____

6. 次の日本語を英語にしなさい。

27. おいしいものにお金を払ってもかまわない。　_____

28. 前大統領　_____

29. 基本的人権　_____

30. 家庭内暴力　_____

PLUS

1. （　）に入れるのに最も適当なものを1つ選びなさい。

(1) I am (　　) to hear that he has succeeded in the examination.　（関西大）
　　① joyful　② delightful　③ amused　④ pleased　_____

(2) I am (　　) to know that everyone came home safely.　（関西学院大）
　　① pleasant　② delightful　③ pleased　④ surprising　_____

2. 左の語の下線部と同じ発音を含むものを選択肢の中から1つ選びなさい。

(1) pleasant　① correct　② species　③ creature　④ pleased　_____

(2) calm　① alternative　② father　③ walk　④ work　_____

⑶形容詞〜⑷副詞・その他　『システム英単語 Basic〈5訂版〉』p. 168 〜 175　　解答冊子 p. 24

23 **Fundamental Stage**　No. 651〜680　　／30

1. 次の各フレーズの下線の語の意味を答えなさい。

1. at <u>exactly</u> the same time　　　　　　　　　　　＿＿＿＿＿＿

2. He will <u>possibly</u> come.　　　　　　　　　　　　＿＿＿＿＿＿

3. I <u>occasionally</u> go to the theater.　　　　　　　＿＿＿＿＿＿

2. 下線部には最もよくあてはまる語，また（　　）には適切な前置詞を入れなさい。

4. I am (a)＿＿＿＿＿＿（　　　　）your health.　君の健康が心配だ

5. the British (l)＿＿＿＿＿ system　イギリスの法律の制度

6. be (c)＿＿＿＿＿（　　　）everything　何にでも好奇心を持つ

7. a (s)＿＿＿＿ member of the club　クラブの先輩の部員

8. (c)＿＿＿＿（　　　）expectations　予想に反して

9. people (t)＿＿＿＿＿ the world　世界中の人々

10. (w)＿＿＿＿ a mile（　　　）the station　駅から１マイル以内で

11. You (o)＿＿＿＿（　　　）see a doctor.　君は医者に診てもらうべきだ

12. （　　　）(s)＿＿＿＿（　　　）difficulties　困難にもかかわらず

3. 指示に合う単語を答えなさい。

13. awake の動詞形　　　　　　　　　　　　　　　　＿＿＿＿＿＿

4. 次の単語の意味として適切なものを選択肢の中から１つ選びなさい。

14. tough　　①幸運な　　　②たくましい　　③勇敢な　　＿＿＿＿
15. therefore　①それゆえに　②その上　　　③多分　　　＿＿＿＿
16. nor　　　①〜か　　　②〜同様に　　③〜もない　　＿＿＿＿
17. unless　　①〜しない限り　②〜なしで　　③〜にもかかわらず　＿＿＿＿

5. [　　] にあてはまる適切な単語を選択肢の中から１つ選びなさい。

18. his [　　] parents　彼の年老いた父母

    ① aged　　　　② alien　　　　③ ancient　　　　④ aware　　　＿＿＿＿＿

19. Soon [　　], he left.　その後すぐ彼は去った

    ① afterward　　② backward　　③ foreward　　　④ onward　　＿＿＿＿＿

20. [　　] 30 years ago　30 年近く前に

    ① narrowly　　② nearly　　　③ nobly　　　　　④ notably　　＿＿＿＿＿

21. This is smaller and [　　] cheaper.　この方が小さく，したがって安い

    ① occasionally　② precisely　　③ thereby　　　④ thus　　　＿＿＿＿＿

22. [　　] my wife, I get up early.　妻と違って私は早起きだ

    ① Apart　　　　② Beyond　　　③ Unlike　　　④ Yet　　　＿＿＿＿＿

23. [　　] being rich, he is kind.　彼は金持ちの上にやさしい

    ① Beneath　　　② Beside　　　③ Besides　　　④ Brutal　　＿＿＿＿＿

24. It's [　　] my understanding.　私の理解をこえている

    ① beneath　　　② beside　　　③ besides　　　④ beyond　　＿＿＿＿＿

25. work every day [　　] Sunday　日曜以外毎日働く

    ① accept　　　　② except　　　③ exclude　　　④ expect　　＿＿＿＿＿

6. 次の日本語を英語にしなさい。

26. 原子力エネルギー　　＿＿＿＿＿＿＿＿＿＿＿＿＿＿＿＿＿＿＿＿＿＿＿＿＿＿

27. 市民権　　　　　　　＿＿＿＿＿＿＿＿＿＿＿＿＿＿＿＿＿＿＿＿＿＿＿＿＿＿

28. 最近の研究によると　＿＿＿＿＿＿＿＿＿＿＿＿＿＿＿＿＿＿＿＿＿＿＿＿＿＿

29. なぜか寂しい。　　　＿＿＿＿＿＿＿＿＿＿＿＿＿＿＿＿＿＿＿＿＿＿＿＿＿＿

30. 彼に会うことはめったにない。　＿＿＿＿＿＿＿＿＿＿＿＿＿＿＿＿＿＿＿＿＿＿

PLUS　左の語の下線部と同じ発音を含むものを選択肢の中から１つ選びなさい。

tough　　① ough　　② thought　　③ though　　④ enough　　＿＿＿＿＿

(24) Fundamental Stage No. 681～710 ┃ /30

1. 次の各フレーズの下線の語の意味を答えなさい。

1. <u>produce</u> enough food ＿＿＿＿＿＿

2. <u>express</u> my feelings ＿＿＿＿＿＿

3. <u>determine</u> your future ＿＿＿＿＿＿

4. Vegetables <u>contain</u> a lot of water. ＿＿＿＿＿＿

5. finally <u>achieve</u> the goal ＿＿＿＿＿＿

6. My opinion <u>differs</u> from hers. ＿＿＿＿＿＿

2. 下線部には最もよくあてはまる語，また（　　）には適切な前置詞を入れなさい。

7. (a)＿＿＿＿＿ some milk (　　) the soup　スープにミルクを加える

8. (p)＿＿＿＿＿ children (　　) danger　危険から子供たちを守る

9. (e)＿＿＿＿＿ people (　　) live longer　人々の長寿を可能にする

10. (d)＿＿＿＿＿ the cake (　　) six pieces　ケーキを6個に分割する

11. The noise (a)＿＿＿＿＿ me.　その音が私をいらだたせる

3. それぞれの指示に合う単語を答えなさい。

12. explain の名詞形 ＿＿＿＿＿＿

13. accept の反対語（2つ答えなさい）　(r)＿＿＿＿＿, (r)＿＿＿＿＿

14. solve の名詞形 ＿＿＿＿＿＿

15. satisfy の名詞形 ＿＿＿＿＿＿

16. complain の名詞形 ＿＿＿＿＿＿

4. 次の単語の意味として適切なものを選択肢の中から1つ選びなさい。

17. ignore　①に従う　②に反論する　③を無視する ＿＿＿

18. obtain　①を得る　②を支持する　③を保つ ＿＿＿

19. educate　①を学習する　②を教育する　③を治療する ＿＿＿

5. [　　] にあてはまる適切な単語を選択肢の中から１つ選びなさい。

20. Alcohol [　　　] the brain.　アルコールは脳に影響する

① affects　　② appeals　　③ appoints　　④ effects　　_____

21. [　　] how old she is　彼女の年を推測する

① gaze　　② glance　　③ greet　　④ guess　　_____

22. [　　] to live in America　アメリカに住むつもりだ

① attend　　② contend　　③ intend　　④ pretend　　_____

6. 次の英語を日本語にしなさい。

23. I don't know whether it is true or not.　_____

7. 次の日本語を英語にしなさい。

24. 神は本当に存在するのか　_____

25. まちがいを犯すのを避ける　_____

26. メアリと結婚する　_____

27. 彼とその問題を議論する　_____

28. 円をドルに交換する　_____

29. 友達から本を借りる　_____

30. タイムマシンを発明する　_____

PLUS

1. (　　) に入れるのに不適切なものを１つ選べ。

Mary (　　) her sister to clean the window.

① explained　② left　③ persuaded　④ told　⑤ wanted　_____

2. アクセントの位置が他と異なるものを１つ選びなさい。

① express　② display　③ refer　④ follow　_____

3. (　　) に入れるのに最も適当なものを１つ選べ。

We (　　) air pollution.

① agreed to　　　　② discussed about

③ talked about　　　④ argued with　_____

(5)動詞　『システム英単語 Basic〈5訂版〉』p. 182〜186　解答冊子 p. 26

25　*Fundamental Stage*　No. 711〜740　／30

1. 次の各フレーズの下線の語の意味を答えなさい。

1. recommend this book to you ＿＿＿＿＿＿
2. how to handle problems ＿＿＿＿＿＿
3. overcome difficulties ＿＿＿＿＿＿
4. absorb a lot of water ＿＿＿＿＿＿
5. announce a new plan ＿＿＿＿＿＿

2. 下線部には最もよくあてはまる語，また（　）には適切な前置詞を入れなさい。

6. (a)＿＿＿＿＿ him （　） eat vegetables　野菜を食べるよう彼に忠告する
7. (r)＿＿＿＿＿ （　） work at sixty　60 で仕事を辞める
8. (a)＿＿＿＿＿ to him （　） being late　遅れたことを彼に謝る
9. (i)＿＿＿＿＿ him （　） his son's success　息子の成功を彼に知らせる
10. (p)＿＿＿＿＿ him （　） his work　仕事のことで彼をほめる
11. (c)＿＿＿＿＿ him （　） being late　遅刻したことで彼を非難する
12. (c)＿＿＿＿＿ with him （　） the gold medal

　　　　　　　金メダルを目指して彼と競争する

3. それぞれの指示に合う単語を答えなさい。

13. permit の名詞形 ＿＿＿＿＿＿
14. resemble の名詞形 ＿＿＿＿＿＿
15. consume の名詞形 ＿＿＿＿＿＿

4. 次の単語の意味として適切なものを選択肢の中から1つ選びなさい。

16. promote　①を促進する　②を作り出す　③を予測する　＿＿＿
17. trust　①を困らせる　②を信用する　③を捨てる　＿＿＿
18. select　①を選ぶ　②をさがす　③を退ける

19. float ①浮かぶ ②沈む ③流れる _____
20. recall ①を思い出す ②を再現する ③を伝える _____
21. pretend ①はずがない ②ふりをする ③ように見える _____
22. quit ①に通う ②をかなり増やす ③をやめる _____

5. [ ] にあてはまる適切な単語を選択肢の中から１つ選びなさい。

23. [ ] their marriage　彼らの結婚に反対する
　① dispose　② expose　③ impose　④ oppose _____
24. [ ] a new way　新しいやり方を提案する
　① expose　② impose　③ propose　④ repose _____
25. [ ] great power　大きな力を持っている
　① assess　② possess　③ process　④ recess _____
26. [ ] the Amazon River　アマゾン川を探検する
　① exclude　② exist　③ explore　④ extract _____
27. [ ] the letter to pieces　ずたずたに手紙を引き裂く
　① mere　② pear　③ rear　④ tear _____

6. 次の日本語を英語にしなさい。

28. 新鮮な空気を呼吸する　_____
29. 未来を予言する　_____
30. 本を出版する　_____

(5)動詞〜(6)名詞　『システム英単語 Basic〈5訂版〉』p. 186〜191　　解答冊子 p. 27

(26) *Fundamental Stage* No. 741〜770　　/30

1. 次の各フレーズの下線の語の意味を答えなさい。

1. wander around the streets _____
2. lack of food _____
3. carbon dioxide _____
4. the shape of her nose _____
5. be in the habit of reading in bed _____
6. remember the details of the story _____

2. 下線部には最もよくあてはまる語，また（　　）には適切な前置詞を入れなさい。

7. (　　　　) peaceful (p)_____　平和的な目的で
8. a positive (a)_____ (　　　　) life　人生に対する前向きな態度
9. an (o)_____ (　　　　) talk to her　彼女と話す機会

3. それぞれの指示に合う単語を答えなさい。

10. behavior の動詞形 _____
11. advantage の反対語 _____
12. distance の形容詞形 _____

4. 次の単語の意味として適切なものを選択肢の中から1つ選びなさい。

13. knowledge　①語彙　②知識　③能力 _____
14. nation　①国　②宗教　③人種 _____
15. skill　①学科　②技術　③原則 _____
16. quality　①域　②質　③量 _____
17. research　①研究　②実験　③理論 _____
18. method　①意味　②必要　③方法 _____

5. [   ] にあてはまる適切な単語を選択肢の中から1つ選びなさい。

19. [   ] quickly to light　光にすばやく反応する
    ① react　　　② reduce　　　③ release　　　④ resolve　　　_____

20. Don't [   ] while driving.　運転中にメールを送るな
    ① male　　　② post　　　③ text　　　④ treat　　　_____

21. [   ] 10 goals　10点を取る
    ① accomplish　　② point　　　③ restore　　　④ score　　　_____

22. the Cold War [   ]　冷戦時代
    ① area　　　② legend　　　③ period　　　④ region　　　_____

23. the [   ] of this passage　この文章の筆者
    ① author　　② client　　　③ editor　　　④ producer　　　_____

24. a [   ] of information　情報源
    ① recipe　　② resource　　③ source　　　④ spring　　　_____

6. 次の日本語を英語にしなさい。

25. 電力を生み出す　　_____

26. 日本政府　　_____

27. 彼を助けようと努力する　　_____

28. 人口の増加　　_____

29. 自然環境　　_____

30. 重要な役割を果たす　　_____

PLUS
（　）に入れるのに最も適当なものを1つ選びなさい。
(1) He took (   ) of her kindness.　（明治大）
    ① care　　② advantage　　③ pains　　④ hold　　_____
(2) Many Americans are concerned about wildlife and they are playing an active (   ) in the ban on whaling.　（城西大）
    ① role　　② way　　③ step　　④ help　　_____

(6)名詞　『システム英単語 Basic〈5訂版〉』 p. 191〜194　　解答冊子 p. 28

27　**Fundamental Stage**　No. 771〜800　　　／30

1. 次の各フレーズの下線の語の意味を答えなさい。

1. the best known <u>instance</u> 　　　　　　　　　　　_____

2. <u>experiments</u> with animals 　　　　　　　　　_____

3. only a <u>decade</u> ago 　　　　　　　　　　　　_____

4. an international <u>organization</u> 　　　　　　　_____

5. the <u>contrast</u> between light and shadow 　_____

6. humans and other <u>creatures</u> 　　　　　　　_____

2. 下線部には最もよくあてはまる語，また（　　）には適切な前置詞を入れなさい。

7. take (r)_____ (　　　) the accident　事故の責任をとる

8. a professional (a)_____　プロの運動選手

9. give money to (c)_____　慈善のために寄付する

3. 指示に合う単語を答えなさい。

10. crowd の形容詞形　　　　　　　　　　　_____

4. 次の単語の意味として適切なものを選択肢の中から1つ選びなさい。

11. desire　①願望　②動機　③目標　_____
12. loss　①経費　②損失　③投資　_____
13. professor　①学者　②教授　③博士　_____
14. function　①機能　②技能　③構造　_____
15. envelope　①荷物　②封筒　③郵便物　_____
16. goods　①資本　②商品　③品質　_____
17. structure　①意識　②関係　③構造　_____
18. tradition　①革新　②伝統　③風土　_____

5. [　　] にあてはまる適切な単語を選択肢の中から１つ選びなさい。

19. a difficult [　　]　難しい仕事
① labor　　② risk　　③ task　　④ work　　_____

20. for future [　　]　未来の世代のために
① ancestors　② audiences　③ functions　④ generations　_____

21. have a high [　　]　高熱を出している
① favor　　② fever　　③ flame　　④ fury　　_____

22. read the following [　　]　次の記述を読む
① statement　② statesman　③ stationary　④ statue　_____

23. Japan's foreign [　　]　日本の外交政策
① persecution　② policy　③ practice　④ principle　_____

24. a [　　] of information　情報の洪水
① flock　　② flood　　③ folk　　④ fossil　　_____

25. look for a [　　]　連れ合いを探す
① bale　　② beat　　③ male　　④ mate　　_____

6. 次の日本語を英語にしなさい。

26. 生活水準　　_____

27. 相対性理論　_____

28. 地球の表面　_____

29. 天然資源　　_____

30. 体重を減らす_____

PLUS

１. 左の語の下線部と同じ発音を含むものを選択肢の中から１つ選びなさい。（川崎医科大）
flood　　① wool　　② blood　　③ food　　④ zoom　　_____

２. 下線部の '対照的に' の英語表現として最も適当なものを１つ選びなさい。　（関西大）
イギリスの伝説によると燕が家に巣をつくると吉兆だとされている。しかしドイツやスコットランドでは対照的に燕は悪魔の使いとして知られる。
① with contrast　② to contrast　③ for contrast　④ by contrast　_____

⑹名詞　『システム英単語 Basic〈5訂版〉』p. 195 ～ 198　　解答冊子 p. 29

(28) *Fundamental Stage*　No. 801～830　　|　/30

1. 次の各フレーズの下線の語の意味を答えなさい。

1. the average American <u>citizen</u>　　　　　　　　　　＿＿＿＿＿＿
2. office <u>equipment</u>　　　　　　　　　　　　　　　＿＿＿＿＿＿
3. talk to a <u>stranger</u>　　　　　　　　　　　　　　＿＿＿＿＿＿
4. make a \$2 million <u>profit</u>　　　　　　　　　　　＿＿＿＿＿＿
5. the social <u>status</u> of women　　　　　　　　　　＿＿＿＿＿＿
6. modern <u>youth</u>　　　　　　　　　　　　　　　　＿＿＿＿＿＿

2. 下線部には最もよくあてはまる語，また（　　）には適切な前置詞を入れなさい。

7. make a good (i)＿＿＿＿＿＿＿＿（　　　　）him　彼によい印象を与える
8. a (s)＿＿＿＿＿＿＿ for a new hotel　新しいホテルの用地

3. それぞれの指示に合う単語を答えなさい。

9. violence の形容詞形　　　　　　　　　　＿＿＿＿＿＿
10. majority の反対語　　　　　　　　　　　＿＿＿＿＿＿
11. origin の動詞形　　　　　　　　　　　　＿＿＿＿＿＿
12. wealth の形容詞形　　　　　　　　　　　＿＿＿＿＿＿
13. horror の形容詞形　　　　　　　　　　　＿＿＿＿＿＿

4. 次の単語の意味として適切なものを選択肢の中から１つ選びなさい。

14.	cartoon	①カーテン	②喜劇	③マンガ	＿＿
15.	temperature	①雨量	②気温	③高度	＿＿
16.	literature	①語学	②哲学	③文学	＿＿
17.	strength	①奇妙	②強さ	③速さ	＿＿
18.	planet	①衛星	②すい星	③惑星	＿＿
19.	fiction	①記事	②小説	③部分	＿＿

20. religion　　①宗教　　　②伝説　　　③迷信　　　_____
21. document　　①提案　　　②文書　　　③法案　　　_____

5. [　　] にあてはまる適切な単語を選択肢の中から１つ選びなさい。

22. a long [　　] as an actress　女優としての長い経歴
　① career　　　② carrier　　　③ charity　　　④ craft　　_____

23. the [　　] of film-making　映画作りの技術
　① tactics　　　② talent　　　③ task　　　④ technique　　_____

24. express [　　]　感情を表現する
　① emotions　　② enthusiasms　③ equipments　④ experiments　_____

6. 次の日本語を英語にしなさい。

25. 列車の乗客　　　_____
26. 低所得の家族　　_____
27. 環境汚染　　　　_____
28. 自然現象　　　　_____
29. はしごを登る　　_____
30. 八十億の人々　　_____

PLUS

１. A：Excuse me, but can you tell me how to get to the post office?
　B：I'm sorry, but (　　), so I don't know.　（関西学院大）
　① I have an idea　　　　　② I happened to be there
　③ I'm familiar with this area　④ I'm a stranger around here　____

２. 上の英単語とその意味を線でむすびなさい。
　Saturn　　Mars　　Venus　　Mercury　　Jupiter
　・　　　　・　　　　・　　　　・　　　　・

　・　　　　・　　　　・　　　　・　　　　・
　木星　　　水星　　　土星　　　火星　　　金星

(6)名詞 『システム英単語 Basic〈5訂版〉』p. 199 〜 202　解答冊子 p. 30

29　*Fundamental Stage*　No. 831〜860　／30

1. 次の各フレーズの下線の語の意味を答えなさい。

1. according to a new survey　_____
2. follow his instructions　_____
3. a dentist's instrument　_____
4. a clear mountain stream　_____
5. the rich soil of the Nile River　_____

2. 下線部には最もよくあてはまる語，また（　）には適切な前置詞を入れなさい。

6. have (c)_____ (　　) my ability　自分の能力に自信がある
7. a bridge (　　) (c)_____　建設中の橋
8. a (l)_____ (　　) history　歴史に関する講義
9. the (p)_____ (　　) victory　勝利への道
10. a violent (c)_____　凶悪犯罪

3. それぞれの指示に合う単語を答えなさい。

11. crisis の形容詞形　_____
12. device の動詞形　_____
13. ancestor の反対語　_____
14. analysis の動詞形　_____
15. universe の形容詞形　_____

4. 次の単語の意味として適切なものを選択肢の中から1つ選びなさい。

16. scholar　①学者　②技術者　③教授　_____
17. crop　①家畜　②作物　③野菜　_____
18. weapon　①光線　②探知機　③兵器　_____
19. debate　①主張　②対立　③討論　_____

5. [   ]にあてはまる適切な単語を選択肢の中から1つ選びなさい。

20. the [   ] of the Pacific Ocean　太平洋の周辺
　① edge　　　② environment　③ territory　　④ yard　　＿＿＿＿

21. a [   ] of 5,000 words　5,000語の語彙
　① verge　　　② vocabulary　③ vocation　　④ volume　　＿＿＿＿

22. the [   ] of freedom　自由の概念
　① nation　　② norm　　③ notice　　④ notion　　＿＿＿＿

23. a tree in the [   ]　庭の木
　① guard　　② lard　　③ ward　　④ yard　　＿＿＿＿

24. my friends and [   ]　私の友人と同僚
　① clients　② colleagues　③ composers　④ containers　＿＿＿＿

25. take a book from the [   ]　たなから本を取る
　① sheer　② shelf　③ shield　④ shift　　＿＿＿＿

6. 次の日本語を英語にしなさい。

26. 家庭用品　　＿＿＿＿＿＿＿＿＿＿

27. 天敵　　＿＿＿＿＿＿＿＿＿＿

28. 地震を予知する　　＿＿＿＿＿＿＿＿＿＿

29. 戦争の犠牲者　　＿＿＿＿＿＿＿＿＿＿

30. 燃料を使い果たす　　＿＿＿＿＿＿＿＿＿＿

PLUS

1．アクセントの位置が他と異なるものを1つ選びなさい。
　① analysis　② ancestor　③ consider　④ continue　＿＿＿

2．下線部の意味に最も近いものを1つ選びなさい。（駒沢大）
Going to college gave me the confidence to work on my own.
　① feeling of friendship towards others　② belief in myself
　③ faith in others　④ secret feeling　＿＿＿

⑹名詞～⑺形容詞 『システム英単語 Basic〈5訂版〉』p. 202～207　解答冊子 p. 31

30 *Fundamental Stage* No. 861～890　　/30

1. 次の各フレーズの下線の語の意味を答えなさい。

1. the mother-infant relationship ＿＿＿＿＿＿
2. the gray cells of the brain ＿＿＿＿＿＿
3. newspaper advertising ＿＿＿＿＿＿
4. a political leader ＿＿＿＿＿＿
5. a medical study ＿＿＿＿＿＿

2. 下線部には最もよくあてはまる語，また（　）には適切な前置詞を入れなさい。

6. a machine run by (e)＿＿＿＿＿　電気で動く機械
7. have (p)＿＿＿＿＿（　）time　十分な時間がある
8. increase (　) some (e)＿＿＿＿＿　ある程度まで増える
9. take out the (g)＿＿＿＿＿　ゴミを出す
10. be (s)＿＿＿＿＿（　）each other　お互いに似ている
11. be (a)＿＿＿＿＿（　）the danger　危険に気づいている
12. Water is (e)＿＿＿＿＿（　）life.　水は生命に不可欠だ

3. それぞれの指示に合う単語を答えなさい。

13. evidence の形容詞形 ＿＿＿＿＿＿
14. various の名詞形 ＿＿＿＿＿＿
15. complete の反対語 ＿＿＿＿＿＿
16. expensive の名詞形 ＿＿＿＿＿＿

4. 次の単語の意味として適切なものを選択肢の中から1つ選びなさい。

17. web　①糸　②巣　③わな ＿＿＿＿
18. storm　①嵐　②天災　③雷鳴 ＿＿＿＿
19. agriculture　①水産　②農業　③牧畜

20. talent　　①芸能　　　②好み　　　③才能　　　_____
21. general　　①一般的な　②特殊な　　③もっともな　_____
22. huge　　　①巨大な　　②発達した　③複雑な　　_____

5. [　　] にあてはまる適切な単語を選択肢の中から１つ選びなさい。

23. social [　　] like ants　アリのような社会性昆虫
　　① impacts　② infants　③ insects　④ insults　_____

24. have serious [　　]　重大な結果をまねく
　　① conferences　② connections　③ consequences　④ conventions　_____

25. have no [　　] time for sports　スポーツをする暇がない
　　① composure　② leisure　③ measure　④ treasure　_____

26. a [　　] rise in prices　物価の急激な上昇
　　① sharp　② sluggish　③ stable　④ steady　_____

27. a [　　] accident　ひどい事故
　　① terrible　② terrific　③ territorial　④ terror　_____

6. 次の日本語を英語にしなさい。

28. 目の色を決める遺伝子　　_____
29. 古代のギリシャとローマ　_____
30. 実用的な英語　　　　　　_____

PLUS　（　）に入れるのに最も適当なものを１つ選びなさい。

(1) The police thought Danny took the money, but they had no (　　) to support that. （摂南大）
　　① event　② experience　③ evidence　④ excuse　_____

(2) Human beings could be seen as lazy animals to the (　　) that they usually hate any change in the environment. （中部大）
　　① efficiency　② effort　③ expense　④ extent　_____

(7)形容詞　『システム英単語 Basic〈5訂版〉』p. 207〜211　　解答冊子 p. 32

31 **Fundamental Stage**　No. 891〜920　　／30

1. 次の各フレーズの下線の語の意味を答えなさい。

1．a typical American family 　　　　　_____

2．the most appropriate word 　　　　_____

3．rapid economic growth 　　　　　　_____

4．accurate information 　　　　　　　_____

5．a primitive society 　　　　　　　　_____

2. 下線部には最もよくあてはまる語，また（　　）には適切な前置詞を入れなさい。

6．when it's (c)_____（　　　　　）you　君の都合がいいときに

7．Her skin is (s)_____（　　　　　）sunlight.　彼女の肌は日光に敏感だ

8．Salty food makes you (t)_____.　塩分の多い食事でのどが渇く

9．(t)_____ loss of memory　一時的な記憶喪失

3. それぞれの指示に合う単語を答えなさい。

10．comfortable の名詞形 　　　　　　_____

11．minor の反対語 　　　　　　　　　_____

12．mental の反対語 　　　　　　　　　_____

13．excellent の動詞形 　　　　　　　　_____

14．enormous の同意語（2つ答えなさい）　(h)_____．(v)_____

15．artificial の反対語 　　　　　　　　_____

16．intellectual の名詞形 　　　　　　_____

4. 次の単語の意味として適切なものを選択肢の中から1つ選びなさい。

17．ideal　　　①健康的な　　　②特徴的な　　　③理想的な　　　_____

18．tiny　　　①ちっちゃな　　②やんちゃな　　③弱々しい　　　_____

19．rude　　　①失礼な　　　　②自分勝手な　　③率直な　　　　_____

20. sufficient ①過剰な ②最大の ③十分な ＿＿＿

5. [ ] にあてはまる適切な単語を選択肢の中から１つ選びなさい。

21. the [ ] world 全世界
① earnest ② entire ③ essential ④ evident ＿＿＿

22. the [ ] cities of Europe ヨーロッパの主要な都市
① practical ② principal ③ principle ④ proper ＿＿＿

23. [ ] support from the US アメリカからの財政的援助
① federal ② financial ③ fond ④ formidable ＿＿＿

24. spend [ ] time かなりの時間を費やす
① clinical ② considerable ③ countless ④ crucial ＿＿＿

25. [ ] life 都会の暮らし
① cosmopolitan ② downtown ③ rural ④ urban ＿＿＿

6. 次の日本語を英語にしなさい。

26. 私のいちばん好きな食べ物 ＿＿＿＿＿＿＿＿＿＿＿＿＿＿＿

27. からのビン ＿＿＿＿＿＿＿＿＿＿＿＿＿＿＿

28. 潜在的な危険 ＿＿＿＿＿＿＿＿＿＿＿＿＿＿＿

29. 珍しい切手 ＿＿＿＿＿＿＿＿＿＿＿＿＿＿＿

30. 女性に対して礼儀正しい ＿＿＿＿＿＿＿＿＿＿＿＿＿＿＿

PLUS

1. 下線部の意味に最も近いものを１つ選びなさい。（亜細亜大）
A：I hope I'm not too early.
B：Not at all. Come in and make yourself at home.
① make yourself understood ② make me angry
③ make yourself comfortable ④ make it to my home ＿＿

2. ( ) to the movies at seven this evening? （関西外国語大）
① Is it convenient for you to go ② Are you convenient to go
③ Is it convenient of you to go ④ Are you convenient of going ＿＿

3. He is very ( ) about losing the race, so don't mention it. （慶應義塾大）
① sensible ② sensitive ③ sensual ④ sensational ＿＿

32 **Fundamental Stage** No. 921〜950 | /30

1. 次の各フレーズの下線の語の意味を答えなさい。

1. the latest news from China _____

2. say stupid things _____

3. leave immediately after lunch _____

4. a frequently used word _____

2. それぞれの指示に合う単語・熟語を答えなさい。

5. permanent の反対語 _____

6. solid の反対語 _____

7. eventually の同意熟語（2つ答えなさい）

(a)_____ _____ , (i)_____ _____

8. largely の同意熟語（2つ答えなさい）

(m)_____ _____ , (c)_____ _____

3. 次の単語の意味として適切なものを選択肢の中から1つ選びなさい。

9. probably	①おそらく	②絶対に	③ついに	_____
10. nevertheless	①それゆえ	②それにもかかわらず	③だからこそ	_____
11. moreover	①その上	②にもかかわらず	③見かけより	_____
12. relatively	①圧倒的に	②一見	③比較的	_____
13. apparently	①一見	②おそらく	③絶対に	_____
14. mostly	①一番に	②一部は	③大部分は	_____
15. approximately	①おそらく	②およそ	③ちょうど	_____
16. accidentally	①偶然に	②絶対に	③それ相応に	_____

4. [ ] にあてはまる適切な単語を選択肢の中から1つ選びなさい。

17. the care of [ ] people　高齢者のケア

① elaborate　② elderly　③ explicit　④ extreme　_____

18. [　　　] aid to Israel　イスラエルへの軍事的援助
　① military　　② navy　　③ troop　　④ weapon　　_____

19. an [　　　] difficult problem　非常に難しい問題
　① eloquently　② evenly　③ eventually　④ extremely　_____

20. [　　　] become colder　だんだん冷たくなる
　① gradually　② gratefully　③ gravely　④ grossly　_____

21. I will [　　　] not marry you.　絶対あなたとは結婚しない
　① abstractly　② definitely　③ drastically　④ probably　_____

22. stay [　　　] in his house　彼の家で一晩泊まる
　① overnight　② overrighteously　③ overslept　④ overtly　_____

23. He lost [　　　] his efforts.　努力にもかかわらず彼は負けた
　① despise　② despite　③ inspite　④ instead　_____

5. 次の日本語を英語にしなさい。

24. 厳しい冬の天候　_____

25. 簡潔な説明　_____

26. 流動的な社会　_____

27. 厳しい規則　_____

28. 生物兵器　_____

29. ビルのことはほとんど知らない。　_____

30. すぐにそれとわかる歌　_____

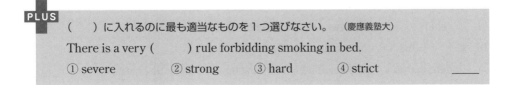

PLUS　（　　）に入れるのに最も適当なものを1つ選びなさい。　（慶應義塾大）
There is a very (　　) rule forbidding smoking in bed.
　① severe　② strong　③ hard　④ strict　_____

③③ *Essential Stage* No. 951～980 | ／30

1. 下線部には最もよくあてはまる語，また（ ）には適切な前置詞を入れなさい。

1. (a)＿＿＿＿＿＿＿＿ the president 大統領に同伴する

2. a bookcase (a)＿＿＿＿＿＿＿＿ ( ) the wall 壁に取り付けられた本棚

3. (r)＿＿＿＿＿＿＿＿ the positions 立場を逆転する

4. The body is (c)＿＿＿＿＿＿＿＿ ( ) cells. 体は細胞で構成されている

5. (s)＿＿＿＿＿＿＿＿ margarine ( ) butter マーガリンをバターの代わりに用いる

6. (a)＿＿＿＿＿＿＿＿ him ( ) speeding スピード違反で彼を逮捕する

7. feel too (d)＿＿＿＿＿＿＿＿ to go out 憂うつで出かける気がしない

2. それぞれの指示に合う単語を答えなさい。

8. obey の形容詞形 ＿＿＿＿＿＿＿＿

9. stimulate の名詞形 ＿＿＿＿＿＿＿＿

3. 次の単語の意味として適切なものを選択肢の中から1つ選びなさい。

10. interpret ①に干渉する ②を解釈する ③を表現する ＿＿＿＿＿＿

11. trace ①の跡をたどる ②を再評価する ③を歪曲する ＿＿＿＿＿＿

12. interrupt ①に参加する ②を解釈する ③を妨げる ＿＿＿＿＿＿

4. [ ] にあてはまる適切な単語を選択肢の中から1つ選びなさい。

13. Some countries [ ] to exist. いくつかの国は存在しなくなった

　　① carved ② caused ③ ceased ④ curbed

14. [ ] smoking in public places 公共の場の喫煙を禁ずる

　　① ban ② bend ③ bet ④ bother

15. [ ] pressure from above 上からの圧力に抵抗する

　　① rebel ② resist ③ retreat ④ revolve

16. [ ] that it is impossible それが不可能なことを示す

　　① demonstrate ② determine ③ disappoint ④ discharge ＿＿＿＿＿＿

17. [ ] a difficult problem　困難な問題に立ち向かう
　　① compete　　② confirm　　③ confront　　④ cope _____

18. [ ] you that you will win　君が勝つことを保証する
　　① accuse　　② affirm　　③ assure　　④ attain _____

5. 次の英語を日本語にしなさい。

19. ensure the safety of drivers _____

20. I bet you'll win. _____

21. ruin his life _____

22. This example illustrates his ability. _____

6. 次の日本語を英語にしなさい。

23. まっすぐ前に進む _____

24. 紙の必要性をなくす _____

25. 犯罪を犯す _____

26. アメリカンドリームを追い求める _____

27. 警察に言うとおどす _____

28. 言論の自由を制限する _____

29. 壁にもたれる _____

30. 医者に相談して助言を求める _____

PLUS

1. 左の単語と同じ位置にアクセントがある語を1つ選べ。
　illustrate　　① interpret　　② interrupt 動　　③ substitute ____

2. 下線部の単語に最も意味の近いものを選択肢から1つ選べ。　（大分大）
　Sitting down and talking will ensure mutual understanding.
　① be fighting or arguing
　② change something in order to deceive
　③ improve the quality of something
　④ make something certain to happen ____

⑴動詞　『システム英単語 Basic〈5訂版〉』p. 223 ～ 228　　解答冊子 p. 35

③④ *Essential Stage* No. 981～1010　　│ ╱30

1. 次のフレーズの下線の語の意味を答えなさい。

1. <u>neglect</u> human rights　　　　　　　　　　　　　　_____

2. 下線部には最もよくあてはまる語，また（　　）には適切な前置詞を入れなさい。

2. (c)_____（　　　　　）the wall　壁に激突する

3. (s)_____（　　　　　）Chinese history　中国史を専攻する

4. (t)_____ messages　メッセージを伝える

5. (C)_____ your hands as you sing.　歌いながら手をたたきなさい

6. (b)_____（　　　　　）tears　急に泣き出す

7. (d)_____ the idea（　　　　　）nonsense　その考えをばからしいと無視する

8. (p)_____ children（　　　　　）working　子供が働くのを禁じる

9. (q)_____（　　　　　）the position　その地位に適任である

10. (o)_____ the fact　事実を見逃す

11. (a)_____ him（　　　　　）lying　彼がうそをついたと非難する

12. The fact (c)_____（　　　　　）my theory.　その事実は私の理論と一致する

13. (a)_____ success（　　　　　）luck　成功は幸運のおかげだと思う

3. 指示に合う単語を答えなさい。

14. found の同意語　　　　　　　　　　　　　　　　　　_____

4. 次の単語の意味として適切なものを選択肢の中から１つ選びなさい。

15. inspire　　①を説得する　　②を奮起させる　　③を要求する　　_____

16. breed　　　①出血する　　　②を大切にする　　③を繁殖させる　　_____

17. invest　　　①を調査する　　②を投資する　　③を分配する　　　_____

5. [　　] にあてはまる適切な単語を選択肢の中から１つ選びなさい。

18. [　　] plants　植物を栽培する

　① capture　　　② complete　　　③ conceal　　　④ cultivate　　＿＿＿＿

19. [　　] to the queen　女王様におじぎする

　① base　　　② beg　　　③ bend　　　④ bow　　＿＿＿＿

20. be [　　] to pay the price　対価を払わざるをえない

　① obliged　　　② occupied　　　③ opposed　　　④ oppressed　　＿＿＿＿

21. [　　] what he is saying　彼の言うことを理解する

　① grab　　　② grant　　　③ grasp　　　④ grumble　　＿＿＿＿

22. be [　　] by the lack of money　金がなくて欲求不満になる

　① faded　　　② forbidden　　　③ frowned　　　④ frustrated　　＿＿＿＿

23. an [　　] memory　驚異的な記憶力

　① amusing　　　② apparent　　　③ arising　　　④ astonishing　　＿＿＿＿

6. 次の英語を日本語にしなさい。

24. The building collapsed.　＿＿＿＿＿＿＿＿＿＿＿＿＿＿＿＿＿＿

25. register a new car　＿＿＿＿＿＿＿＿＿＿＿＿＿＿＿＿＿＿

26. cast a shadow on the wall　＿＿＿＿＿＿＿＿＿＿＿＿＿＿＿＿＿＿

27. resolve disagreements　＿＿＿＿＿＿＿＿＿＿＿＿＿＿＿＿＿＿

7. 次の日本語を英語にしなさい。

28. 約束を果たす　＿＿＿＿＿＿＿＿＿＿＿＿＿＿＿＿＿＿

29. 彼からチャンスを奪う　＿＿＿＿＿＿＿＿＿＿＿＿＿＿＿＿＿＿

30. 飢えた子どもたちに食事を与える　＿＿＿＿＿＿＿＿＿＿＿＿＿＿＿＿＿＿

PLUS

（　　）に入れるのに最も適当なものを１つ選びなさい。

(1) We'll (　　) your mistake this time.　（立命館大）

　① constitute　　　② overlook　　　③ persecute　　　④ provide　　＿＿＿＿

(2) What do you plan to major in in college?　（中部大）

　① improve　　　② lecture　　　③ listen to　　　④ specialize in　　＿＿＿＿

(1)動詞　『システム英単語 Basic〈5訂版〉』p. 229〜234　　解答冊子 p. 36

㉟ *Essential Stage* No. 1011〜1040 　　　／30

1. 次のフレーズの下線の語の意味を答えなさい。

1. What does her smile <u>imply</u>?　　　　　　　　　　　　　＿＿＿＿＿＿＿

2. 下線部には最もよくあてはまる語，また（　　）には適切な前置詞を入れなさい。

2. (i)＿＿＿＿＿＿ rules (　　　　) students　学生に規則を押しつける

3. (c)＿＿＿＿＿＿ sunlight (　　　　) electricity　太陽の光を電気に転換する

4. be (a)＿＿＿＿＿＿ (　　　　) an important post　重要なポストに任命される

5. (a)＿＿＿＿＿＿ work (　　　　) each member　各メンバーに仕事を割り当てる

6. (s)＿＿＿＿＿＿ into two groups　2つのグループに分裂する

7. (r)＿＿＿＿＿＿ (　　　　) violence　暴力に訴える

8. The car is (e)＿＿＿＿＿＿ (　　　　) AI.　その車は AI が装備されている

9. He (d)＿＿＿＿＿＿ himself (　　　　) his work.　彼は仕事に身をささげた

3. 指示に合う単語を答えなさい。

10. pronounce の名詞形　　　　　　　　　　　　　　　　　＿＿＿＿＿＿＿

4. 次の単語の意味として適切なものを選択肢の中から1つ選びなさい。

11.	scare	①をいらだたせる	②をおびえさせる	③を欠乏する	＿＿＿
12.	constitute	①に貢献する	②を構成する	③を増やす	＿＿＿
13.	nod	①うなずく	②お辞儀する	③目配せする	＿＿＿
14.	elect	①に立候補する	②を選挙で選ぶ	③を任命する	＿＿＿
15.	transfer	①に永住する	②に出張する	③を移す	＿＿＿
16.	descend	①下る	②後退する	③辞退する	＿＿＿
17.	cheat	①いかさまをする	②をからかう	③を割り引く	＿＿＿
18.	urge	①に強く迫る	②を援助する	③を渡る	＿＿＿

5. [　] にあてはまる適切な単語を選択肢の中から1つ選びなさい。

19. [　　] the bank of $50,000　銀行から5万ドル奪う
① fetch　　② rob　　③ steal　　④ violate　　_____

20. [　　] wild animals　野生動物を捕らえる
① bully　　② capture　　③ fetch　　④ halt　　_____

21. save a [　　] child　おぼれている子供を救う
① draining　　② drawing　　③ dreading　　④ drowning　　_____

22. A new problem has [　　].　新たな問題が出現した
① embarrassed　　② embraced　　③ emerged　　④ ensured　　_____

23. [　　] the rich　金持ちをうらやむ
① enclose　　② endow　　③ endure　　④ envy　　_____

24. how to [　　] lies　うそを発見する方法
① declare　　② decline　　③ detect　　④ disguise　　_____

6. 次の英語を日本語にしなさい。

25. undertake the work　_____

26. irritating noise　_____

27. prompt him to speak　_____

7. 次の日本語を英語にしなさい。

28. 時はすべての傷をいやす。　_____

29. その車を追跡する　_____

30. 手を引っ込める　_____

PLUS
（　）に入れるのに最も適当なものを1つ選びなさい。
I was （　　） of my wallet.　（大阪芸大）
① taken　② stolen　③ robbed　④ kidnaped　_____

⑴動詞～⑵名詞　『システム英単語 Basic〈5訂版〉』p. 235 ～ 240　解答冊子 p. 37

36 *Essential Stage* No. 1041～1070　／30

1. 次のフレーズの下線の語の意味を答えなさい。

1．You must be kidding.　　　　　　　　　　　　　_____

2. 下線部には最もよくあてはまる語，また（　）には適切な前置詞を入れなさい。

2．(i)_____（　　　　　）his work　彼の仕事をじゃまする

3．be (i)_____（　　　　　）the virus　ウイルスに感染している

4．(s)_____（　　　　　）an ancient tradition　古い伝統に由来する

5．the (p)_____ of boys（　　　　　）girls　男子と女子の比率

6．sign a (c)_____（　　　　　）Google　グーグルとの契約にサインする

7．a modern (d)_____　近代民主国家

8．an (e)_____ room　救急治療室

9．a (p)_____（　　　　　）war　戦争に対する抗議

10．(i)_____ from Mexico　メキシコからの移民

11．leave home（　　）(d)_____　夜明けに家を出る

3. 次の単語の意味として適切なものを選択肢の中から１つ選びなさい。

12．launch　　①に乗り込む　　②を打ち上げる　　③を設計する　　_____

13．tap　　①を押す　　②を借りる　　③を軽くたたく　　_____

14．routine　　①決まりきった仕事　②約束　　③労働　　_____

4. ［　］にあてはまる適切な単語を選択肢の中から１つ選びなさい。

15．His power［　　］.　彼の力は衰えた
　① dedicated　　② diminished　　③ dispensed　　④ disrupted　　_____

16．［　　］coffee on the keyboard　キーボードにコーヒーをこぼす
　① snap　　② spill　　③ spit　　④ split　　_____

17．have［　　］pains　胸が痛む
　① charm　　② cheat　　③ cheek　　④ chest　　_____

18. a man of high [　　] 高い地位の人
① ink　　② rank　　③ tinkle　　④ twinkle　　_____

19. a [　　] for communication 意思伝達の手段
① clue　　② mean　　③ span　　④ vehicle　　_____

20. write really good [　　] 本当によいものを書く
① spill　　② staff　　③ stiff　　④ stuff　　_____

21. sit in the front [　　] 最前列に座る
① law　　② low　　③ raw　　④ row　　_____

5. 次の英語を日本語にしなさい。

22. foster creativity　　_____

23. embrace a new idea　　_____

24. public facilities　　_____

6. 次の日本語を英語にしなさい。

25. 絶滅危惧種　　_____

26. 財宝を発見する　　_____

27. 東京株式市場　　_____

28. 多額のお金　　_____

29. 君のオンラインのプロフィール　　_____

30. 社会福祉　　_____

PLUS

1. 次の日本語を英語にしなさい。 （立正大，他）
覆水盆に返らず（こぼれた牛乳を悔んでなげいても仕方がない）。
_____

2. （　）に入れるのに最も適当なものを１つ選びなさい。 （亜細亜大）
What is the (　　) of boys to girls in the mathematics class?
① place　② number　③ size　④ amount　⑤ proportion　____

(2)名詞　『システム英単語 Basic〈5訂版〉』p. 240 ～ 245　　解答冊子 p. 38

37 ***Essential Stage*** No. 1071～1100 　　 /30

1. 次のフレーズの下線の語の意味を答えなさい。

1．the meaning in this context 　　　　　　　　　　＿＿＿＿＿＿＿

2. 下線部には最もよくあてはまる語，また（　　）には適切な前置詞を入れなさい。

2．see life (　　　　) a new (p)＿＿＿＿＿＿＿　新しい見方で人生を考える

3．his (e)＿＿＿＿＿＿＿　(　　　　) soccer　彼のサッカーに対する情熱

4．There's no English (e)＿＿＿＿＿＿＿　(　　　　) haiku.

　　　　　　　　　　　　　　俳句に相当するものは英語にない

5．find (s)＿＿＿＿＿＿＿　(　　　　) the cold　寒さから逃れる場所を見つける

6．according to official (s)＿＿＿＿＿＿＿　公式の統計によると

7．(p)＿＿＿＿＿＿＿ against women　女性に対する偏見

8．put a (s)＿＿＿＿＿＿＿　(　　　　) the heart　心臓に負担をかける

9．Summer is (　　　　) its (h)＿＿＿＿＿＿＿.　夏真っ盛りだ

3. 次の単語の意味として適切なものを選択肢の中から1つ選びなさい。

10．pile	①整理棚	②積み重ね	③箱	＿＿＿
11．honor	①感謝	②幸運	③名誉	＿＿＿
12．border	①基準	②国境地帯	③地域	＿＿＿
13．load	①神	②荷物	③領主	＿＿＿
14．trap	①足音	②災難	③わな	＿＿＿
15．divorce	①出産	②引越し	③離婚	＿＿＿
16．tune	①気風	②曲	③恋	＿＿＿

4. [　　] にあてはまる適切な単語を選択肢の中から1つ選びなさい。

17．a [　　] to the accident　事故の目撃者

　　① witch　　　② witchery　　　③ witless　　　④ witness　　　＿＿＿

18. achieve the [　　] 目標を達成する
　① competitive　② conservative　③ instructive　④ objective 　_____

19. defend a [　　] なわ張りを守る
　① category　② predatory　③ repertory　④ territory 　_____

20. a [　　] of the law　その法律の再検討
　① rehearse　② reinvest　③ resign　④ review 　_____

21. have a quick [　　]　すぐかっとなる気性である
　① temper　② temperate　③ temperature　④ template 　_____

22. a knife [　　]　ナイフの傷
　① warrant　② whip　③ wind　④ wound 　_____

5. 次の英語を日本語にしなさい。

23. have faith in technology 　_____

24. a well-paid occupation 　_____

25. the kingdom of Denmark 　_____

26. a window frame 　_____

27. a private enterprise 　_____

28. world grain production 　_____

6. 次の日本語を英語にしなさい。

29. 試行錯誤 　_____

30. 黒人の奴隷 　_____

PLUS

　1．(1)と(2)の各単語で，最も強く発音する音節の番号を選びなさい。
　(1)　en-thu-si-asm　　(2)　en-ter-prise　　(1) ___ (2) ___
　　　① ② ③ ④　　　　① ② ③

　2．左の語の下線部と同じ発音を含むものを選択肢の中から1つ選びなさい。
　(1)　height　① horizon　② meat　③ receive　④ weight
　(2)　wound「傷」　① bough　② doubt　③ though　④ through

(2)名詞 『システム英単語 Basic〈5訂版〉』p. 245〜250　　解答冊子 p. 39

38 *Essential Stage* No. 1101〜1130 ／30

1. 下線部には最もよくあてはまる語，また（　　）には適切な前置詞を入れなさい。

1. have no (p)＿＿＿＿＿＿＿ in history　歴史上匹敵するものがない

2. the moon rising (　　　　) the (h)＿＿＿＿＿＿＿　地平線に昇る月

3. become a (b)＿＿＿＿＿＿＿ (　　　　) society　社会の重荷になる

4. a joint (v)＿＿＿＿＿＿＿ with Taiwan　台湾との共同事業

5. carry out a dangerous (m)＿＿＿＿＿＿＿　危険な任務を果たす

6. the factory's (o)＿＿＿＿＿＿＿　その工場の生産高

2. 次の単語の意味として適切なものを選択肢の中から1つ選びなさい。

7. prey	①祈り	②獲物	③群れ	＿＿＿＿
8. inquiry	①記事	②調査	③報告	＿＿＿＿
9. award	①候補	②賞	③発表	＿＿＿＿
10. circulation	①交換	②循環	③状況	＿＿＿＿
11. stereotype	①先入観	②調査報告	③典型的なイメージ	＿＿＿＿

3. [　　] にあてはまる適切な単語を選択肢の中から1つ選びなさい。

12. the moral [　　] of science　科学の道徳的側面
① decade　② dialect　③ dimension　④ diploma　＿＿＿＿

13. the latest [　　] of the software　そのソフトの最新版
① variation　② variety　③ venture　④ version　＿＿＿＿

14. friends and [　　]　友人と知人
① acquaintances　② allies　③ allowances　④ appointments　＿＿＿＿

15. the scientific [　　] of his theory　彼の理論の科学的根拠
① basis　② bias　③ bond　④ border　＿＿＿＿

16. business [　　]　企業の経営
① administration　② admission　③ affection　④ application　＿＿＿＿

17. a long [　　　] of paper　長い紙切れ
    ① stride　　　② strip　　　③ stripe　　　④ strive　　　_____

18. be in economic [　　　]　経済的苦難におちいる
    ① deficit　　　② destiny　　　③ distress　　　④ draft　　　_____

19. keep the beer in the [　　　]　ビールを日陰に置く
    ① shade　　　② shake　　　③ shallow　　　④ swallow　　　_____

20. a lawyer and his [　　　]　弁護士とその依頼人
    ① client　　　② committee　　　③ council　　　④ customer　　　_____

21. praise the [　　　]　神をたたえる
    ① Laud　　　② Load　　　③ Lord　　　④ Loud　　　_____

22. discover a gold [　　　]　金鉱を発見する
    ① dine　　　② line　　　③ mine　　　④ pine　　　_____

23. a traditional Japanese [　　　]　日本の伝統工芸
    ① comfort　　　② craft　　　③ draft　　　④ drift　　　_____

4. 次の英語を日本語にしなさい。

24. the science faculty　_____

25. a city full of charm　_____

26. sense organs　_____

27. follow social conventions　_____

5. 次の日本語を英語にしなさい。

28. 平均寿命　_____

29. 毒ガス　_____

30. 日本国憲法　_____

PLUS
That lawyer has not had a lot of (　　　).　(獨協大)
① clients　　② customers　　③ consumers　　④ guests　　_____

(2)名詞～(3)形容詞　『システム英単語 Basic〈5訂版〉』p. 251～256　　解答冊子 p. 40

39 **Essential Stage** No. 1131～1160　　／30

1. 下線部には最もよくあてはまる語，また（　　）には適切な前置詞を入れなさい。

1．the (c)＿＿＿＿＿＿（　　　　）the problem　問題の核心

2．America's last (f)＿＿＿＿＿＿　アメリカ最後の辺境

3．feel (g)＿＿＿＿＿ about leaving him　彼を捨てたことに罪の意識を感じる

4．become (a)＿＿＿＿＿（　　　）driving　車の運転に慣れる

5．I'm (k)＿＿＿＿＿（　　　）talk to him.　私は彼と話をしたい

6．the (d)＿＿＿＿＿ balance of nature　自然界の微妙なバランス

7．be (e)＿＿＿＿＿ from overwork　過労で疲れ切っている

2. それぞれの指示に合う単語を答えなさい。

8．steady の同意語　　　　　　　　　　　　　＿＿＿＿＿＿

9．mature の反対語　　　　　　　　　　　　　＿＿＿＿＿＿

10．concrete の反対語　　　　　　　　　　　　＿＿＿＿＿＿

3. 次の単語の意味として適切なものを選択肢の中から1つ選びなさい。

11．stroke　　　①心臓麻痺　　　②内出血　　　③脳卒中　　　＿＿＿

12．peer　　　　①家族　　　　　②故郷　　　　③同僚　　　　＿＿＿

13．terminal　　①施設　　　　　②終点　　　　③停留所　　　＿＿＿

14．vital　　　　①きわめて重要な　②全体的な　　③部分的な　　＿＿＿

15．contemporary ①現代の　　　②古代の　　　③中世の　　　＿＿＿

16．dull　　　　①退屈させる　　②単純な　　　③疲れはてた　＿＿＿

17．awful　　　①悲しい　　　　②望ましい　　③ひどい　　　＿＿＿

4. [　　]にあてはまる適切な単語を選択肢の中から1つ選びなさい。

18．blood [　　]　血管

　　① vehicles　　② vessels　　③ viruses　　④ volcanos　　＿＿＿

19. swim against the [　　] 潮流に逆らって泳ぐ
 ① guide ② ride ③ slide ④ tide _____

20. his [　　] workers 彼の仕事仲間
 ① fellow ② flaw ③ flow ④ follow _____

21. wear [　　] clothes ゆったりとした服を着る
 ① lone ② loom ③ loose ④ loss _____

22. wear [　　] clothes 気楽な服装をする
 ① casual ② civil ③ crude ④ curious _____

23. part of an [　　] plan 全体的な計画の一部
 ① overall ② overrated ③ overt ④ overwhelming _____

5. 次の英語を日本語にしなさい。

24. zero gravity in space _____

25. a question of medical ethics _____

26. internal medicine _____

6. 次の日本語を英語にしなさい。

27. 障害を持つ人々 _____

28. 児童虐待 _____

29. 彼の年収 _____

30. きついジーンズ _____

PLUS

１. 下線部の発音が他と異なるものを１つ選びなさい。
 (1) ① export ② expectation ③ exhaust ④ exercise ____
 (2) ① advise ② choose ③ loose ④ lose ____

２. Time flies like an arrow. Time and tide wait for (　　). （愛知大）
 ① everyone ② someone ③ any man ④ no man ____

(3)形容詞　『システム英単語 Basic〈5訂版〉』p. 256 ～ 261　　解答冊子 p. 41

40 *Essential Stage* No. 1161～1190 ／30

1. 下線部には最もよくあてはまる語，また（　　）には適切な前置詞を入れなさい。

1. (s)＿＿＿＿＿＿＿ computer technology　高度なコンピュータ技術

2. expressions (p)＿＿＿＿＿＿＿（　　　　）English　英語特有の表現

3. different (e)＿＿＿＿＿＿＿ groups　異なる民族集団

4. be (r)＿＿＿＿＿＿＿（　　　　）the question　その問題に関係がある

5. I'm (t)＿＿＿＿＿＿＿ to hear your voice.　君の声が聞けてとてもうれしい

6. be (c)＿＿＿＿＿＿＿（　　　　）the theory　理論と一致する

7. a (m)＿＿＿＿＿＿＿ life　惨めな生活

8. She is very (f)＿＿＿＿＿＿＿（　　　　）reading.　彼女は読書が大好きだ

2. それぞれの指示に合う単語を答えなさい。

9. minimum の反対語　　　　　　　　　　　　　　　　＿＿＿＿＿＿＿

10. passive の反対語　　　　　　　　　　　　　　　　＿＿＿＿＿＿＿

11. innocent の反対語　　　　　　　　　　　　　　　＿＿＿＿＿＿＿

3. 次の単語の意味として適切なものを選択肢の中から1つ選びなさい。

12. modest	①華麗な	②控えめな	③目立った	＿＿＿＿
13. latter	①後者の	②前者の	③どちらかの	＿＿＿＿
14. noble	①卑しい	②高貴な	③貧しい	＿＿＿＿
15. alien	①外国の	②伝統的な	③無知な	＿＿＿＿
16. awkward	①気まぐれな	②気まずい	③重々しい	＿＿＿＿
17. plain	①飛行	②平面	③明白な	＿＿＿＿

4. [　　] にあてはまる適切な単語を選択肢の中から1つ選びなさい。

18. a [　　] interest in science　科学に対する真の関心

　　① general　　　② generous　　　③ genetic　　　④ genuine　　　＿＿＿＿

19. make a [　　] effort　むだな努力をする

① vain　　　　② valid　　　　③ vein　　　　④ vital　　　　_____

20. I am [　　] to believe him.　彼の言葉を信じたい気がする

① declined　　② dedicated　　③ devoted　　④ inclined　　_____

21. That's a [　　] idea!　それはすばらしいアイディアだ！

① barren　　　② brilliant　　③ greedy　　④ gross　　_____

22. a [　　] drink　さわやかな飲み物

① reflecting　② reflexing　③ reflowing　④ refreshing　_____

23. her [　　] self　彼女の内なる自分

① inevitable　② inner　　　③ insane　　④ intent　　_____

24. have [　　] memories　鮮やかな思い出がある

① acid　　　　② rigid　　　　③ timid　　　　④ vivid　　　　_____

5. 次の英語を日本語にしなさい。

25. the prime cause　_____

26. an intimate relationship　_____

27. a bitter experience　_____

28. the underlying cause　_____

29. a desperate attempt　_____

30. a substantial number of people　_____

PLUS

We tried to persuade him to come and live with us, but it was (　　) vain.

① in　② at　③ on　④ for　（拓殖大）　_____

(3)形容詞〜(5)動詞 『システム英単語 Basic〈5訂版〉』p. 261 〜 266　　解答冊子 p. 42

41 **Essential Stage** No. 1191〜1220 　　　／30

1. 下線部には最もよくあてはまる語，また（　）には適切な前置詞を入れなさい。

1. (b)＿＿＿＿＿＿＿＿ the surface of the water　水面下で
2. (t)＿＿＿＿＿＿＿ food（　　　　）energy　食べ物をエネルギーに変える
3. (d)＿＿＿＿＿＿ a lie（　　　　）the truth　うそと真実を見分ける
4. (c)＿＿＿＿＿＿（　　　　）problems　問題にうまく対処する

2. それぞれの指示に合う単語・熟語を答えなさい。

5. investigate の同意熟語　　　　　　　　　　　　　　　＿＿＿＿＿ ＿＿＿＿＿
6. accomplish の同意語（2つ答えなさい）(a)＿＿＿＿＿＿．(a)＿＿＿＿＿＿
7. endure の同意語（2つ答えなさい）(s)＿＿＿＿＿＿．(b)＿＿＿＿＿＿

3. 次の単語の意味として適切なものを選択肢の中から1つ選びなさい。

8. precisely ①正確に ②だいたい ③やがて ＿＿＿
9. meanwhile ①その間に ②その後で ③その前に ＿＿＿
10. barely ①かろうじて ②幸運にも ③ぼんやりと ＿＿＿
11. accordingly ①自主的に ②それ相応に ③連続して ＿＿＿
12. alter ①を変える ②を記録する ③を守る ＿＿＿
13. occur ①移る ②起こる ③留まる ＿＿＿
14. hesitate ①禁止する ②妨げる ③ためらう ＿＿＿
15. conclude ①と仮定する ②と結論づける ③と推定する ＿＿＿

4. [　]にあてはまる適切な単語を選択肢の中から1つ選びなさい。

16. disappear [　　]　完全に消滅する
　① almost　② altogether　③ awfully　④ mostly

17. Have you seen him [　　]?　最近彼に会いましたか
　① lately　② later　③ latest　④ latter

18. I could [   ] believe it.　ほとんど信じられなかった
① barely　　　② nearly　　　③ occasionally　　④ scarcely 　　　_____

19. [   ] ignore him　彼をわざと無視する
① aptly　　　② considerably　③ deliberately　④ sensibly 　　　_____

20. The British say "lift", [   ] Americans say "elevator."
イギリス人は「リフト」と言うが，アメリカ人は「エレベータ」と言う
① whereabout　② whereafter　③ whereas　　④ wherein 　　　_____

21. [   ] independence from Britain　イギリスからの独立を宣言する
① declare　　　② deliver　　　③ depict　　　④ disguise 　　　_____

22. Problems [   ] from carelessness.　不注意から問題が生じる
① arise　　　② cause　　　③ induce　　　④ infer 　　　_____

23. [   ] treasure　宝物を埋める
① bend　　　② bet　　　③ bother　　　④ bury 　　　_____

24. [   ] people with a smile　笑顔で人にあいさつする
① glance　　　② glow　　　③ grasp　　　④ greet 　　　_____

5. 次の英語を日本語にしなさい。

25. dominate the world economy　　　_____

26. confirm Darwin's theory　　　_____

6. 次の日本語を英語にしなさい。

27. 正しいかまちがいか　　　_____

28. 怠惰な学生　　　_____

29. チャンピオンを打ち負かす　　　_____

30. 君の成功を保証する　　　_____

PLUS
下線部と最も近い意味の語を選べ。

He decided to become poor <u>deliberately</u>.　（愛知大）
① freely and carelessly　　　　② having no interest in something
③ not thinking much about something　④ on purpose 　　　_____

（右側縦書き）

42 **Essential Stage** No. 1221～1250 ／30

1. 下線部には最もよくあてはまる語，また（　）には適切な前置詞を入れなさい。

1. (d)＿＿＿＿＿ ourselves（　　）attack　攻撃から自分たちを守る

2. (g)＿＿＿＿＿（　　）the clock　時計をちらりと見る

3. (d)＿＿＿＿＿ a day（　　）twenty-four hours　1日を24時間と定義する

4. (c)＿＿＿＿＿（　　）friends　友達とおしゃべりする

5. Demand (e)＿＿＿＿＿ supply.　需要が供給を超える

6. (c)＿＿＿＿＿（　　）each other　お互いに協力する

7. (i)＿＿＿＿＿ genes（　　）our parents　親から遺伝子を受け継ぐ

2. それぞれの指示に合う単語・熟語を答えなさい。

8. forbid の反対語（2つ答えなさい）　　(a)＿＿＿＿＿, (p)＿＿＿＿＿

9. deceive の同意熟語　　　　　　　　　　　＿＿＿＿＿

3. 次の単語の意味として適切なものを選択肢の中から1つ選びなさい。

10. entertain　①を楽しませる　②を案内する　③を送り出す　＿＿＿
11. sacrifice　①を犠牲にする　②を乗り越える　③を忘れる　＿＿＿
12. rescue　①を救助する　②を死なせる　③を避難させる　＿＿＿
13. convey　①を調査する　②を伝える　③を募集する　＿＿＿
14. purchase　①を開発する　②を購入する　③を求める　＿＿＿
15. fade　①薄れる　②残る　③よみがえる　＿＿＿
16. leap　①進む　②跳ぶ　③走る　＿＿＿
17. exaggerate　①を計測する　②を誇張する　③を示す　＿＿＿

4. [　]にあてはまる適切な単語を選択肢の中から1つ選びなさい。

18. [　] the world title　世界タイトルを保持する
① contain　② maintain　③ retain　④ sustain　＿＿＿

19. [   ] him to come back　彼に帰って来てと乞う
　① beg　　　② bet　　　③ bind　　　④ bow　　　_____

20. energy to [   ] life　生命を維持するためのエネルギー
　① contain　② entertain　③ retain　④ sustain　_____

21. [   ] food equally　平等に食料を分配する
　① deliberate　② distribute　③ draw　④ drown　_____

22. [   ] the Arab world　アラブ世界を団結させる
　① uniform　② unite　③ universe　④ utilize　_____

5. 次の英語を日本語にしなさい。

23. broadcast the concert live 　＿＿＿＿＿＿＿＿＿＿＿

24. enhance the quality of life 　＿＿＿＿＿＿＿＿＿＿＿

6. 次の日本語を英語にしなさい。

25. その罪で彼を罰する 　＿＿＿＿＿＿＿＿＿＿＿

26. コストを計算する 　＿＿＿＿＿＿＿＿＿＿＿

27. 沈む船から逃げる 　＿＿＿＿＿＿＿＿＿＿＿

28. 交通を規制する 　＿＿＿＿＿＿＿＿＿＿＿

29. テーブルをふく 　＿＿＿＿＿＿＿＿＿＿＿

30. 世界を征服する 　＿＿＿＿＿＿＿＿＿＿＿

PLUS

1. 最も強く発音する音節の位置が他と異なるものを1つ選びなさい。
　① distribute　② entertain　③ guarantee　④ interfere　_____

2. 左の語の下線部と同じ発音を含むものを選択肢の中から1つ選びなさい。
　deceive　① evening　② instead　③ sweat　④ radio　_____

3. 下線部の意味に最も近いものを1つ選びなさい。　（西南学院大）
　Our chances of sustaining a satisfying relationship often rest on whether we know where and when to draw the line between disclosure and secrecy.
　① establishing　② maintaining　③ terminating　④ finishing

43 *Essential Stage* No. 1251〜1280 ／30

1. 下線部には最もよくあてはまる語，また（　　）には適切な前置詞を入れなさい。

1．The word (d)＿＿＿＿＿＿（　　　　　　）Latin.　その単語はラテン語に由来する

2．(c)＿＿＿＿＿＿ man（　　　　）an animal　人間を動物として分類する

3．(f)＿＿＿＿＿ a piece of paper　紙を折りたたむ

4．stop and (s)＿＿＿＿＿（　　　　　　）her　立ち止まって彼女をじっと見る

5．a space science (l)＿＿＿＿＿　　　宇宙科学研究所

6．an international (c)＿＿＿＿＿　　　国際会議

7．cross the American (c)＿＿＿＿＿　　アメリカ大陸を横断する

2. それぞれの指示に合う単語を答えなさい。

8．gaze の同意語　　　　　　　　　　　　　　　　　　＿＿＿＿＿＿＿

9．emphasize の名詞形　　　　　　　　　　　　　　　　＿＿＿＿＿＿＿

3. 次の単語の意味として適切なものを選択肢の中から１つ選びなさい。

10．scatter　　①を落とす　　②を並べる　　③をばらまく　　＿＿＿＿

11．evaluate　①を調査する　②を伸ばす　　③を評価する　　＿＿＿＿

12．bend　　　①手を伸ばす　②販売する　　③身をかがめる　＿＿＿＿

13．scream　　①懇願する　　②逃げる　　　③悲鳴をあげる　＿＿＿＿

14．assert　　①と疑う　　　②と主張する　③と推定する　　＿＿＿＿

15．pour　　　①を入れておく　②を注ぐ　　③を残す　　　　＿＿＿＿

16．restore　　①を解体する　②を修復する　③を放置する　　＿＿＿＿

4. [　　] にあてはまる適切な単語を選択肢の中から１つ選びなさい。

17．The snow will [　　　] soon.　雪は間もなく溶けるだろう

　　① assault　　　② belt　　　③ halt　　　④ melt　　　＿＿＿＿

18．[　　　] Poland　ポーランドに侵入する

　　① infect　　　② interrupt　　　③ intervene　　　④ invade　　　＿＿＿＿

19. [   ] great changes　大きな変化を経験する
　　① experiment　　② implement　　③ overtake　　④ undergo　　_____

20. [   ] him by the arm　彼の腕をつかむ
　　① glitter　　② grab　　③ groan　　④ grumble　　_____

21. [   ] from sight　視界から消える
　　① banish　　② bewilder　　③ vanish　　④ violate　　_____

5. 次の英語を日本語にしなさい。

22. sweep the floor　　_____

23. imitate human behavior　　_____

24. deserve to be punished　　_____

25. national health insurance　　_____

6. 次の日本語を英語にしなさい。

26. 計画を修正する　　_____

27. 病気の子供のために祈る　　_____

28. 靴を磨く　　_____

29. 彼女の耳にささやく　　_____

30. ストレスを取り除く　　_____

PLUS

　1. 下線部の意味に最も近いものを 1 つ選びなさい。　（立命館大）
　　He decided to get rid of all the magazines in his room.
　　① tear　　② classify　　③ submit　　④ discard　　_____

　2. (　　) に入れるのに最も適切なものを 1 つ選びなさい。　（東北福祉大）
　　Jane has been working very hard, so I think she (　　) a long vacation.
　　① conserves　　② deserves　　③ reserves　　④ preserves　　_____

⑹名詞 『システム英単語 Basic〈5訂版〉』p. 274〜278　解答冊子 p. 45

44 *Essential Stage* No. 1281〜1310 ／30

1. 下線部には最もよくあてはまる語，また（　　）には適切な前置詞を入れなさい。

1. the (c)_____ of the space shuttle　スペースシャトルの乗組員たち

2. live in (p)_____　貧乏な生活をする

3. the only (e)_____（　　　　）the rule　その規則の唯一の例外

4. settle international (d)_____　国際紛争を解決する

2. それぞれの指示に合う単語を答えなさい。

5. virtue の反対語　_____

6. courage の動詞形　_____

3. 次の単語の意味として適切なものを選択肢の中から1つ選びなさい。

7. wisdom　　　①賢者　　　　②知恵　　　　③無知　　　_____

8. category　　①範ちゅう　②分析　　　　③要素　　　_____

9. reputation　①顧客　　　②評判　　　　③メニュー　_____

10. volume　　　①音声　　　②価値　　　　③本　　　　_____

11. tourism　　①回転　　　②観光　　　　③周囲　　　_____

4. [　]にあてはまる適切な単語を選択肢の中から1つ選びなさい。

12. work for low [　　　]　安い賃金で働く
　　① costs　　② fares　　③ fees　　④ wages　　_____

13. pay [　　] on the land　その土地にかかる税金を払う
　　① costs　　② fares　　③ fees　　④ taxes　　_____

14. the family as a social [　　]　社会の単位としての家族
　　① unify　　② union　　③ unit　　④ unite　　_____

15. feel [　　] for the victim　犠牲者に同情する
　　① apathy　　② homeopathy　　③ psychopathy　　④ sympathy　　_____

16. the beginning of a new [   ] 新しい時代の始まり

   ① area   ② awe   ③ era   ④ estate   _____

17. reach the final [   ] 最終目的地に着く

   ① destination   ② destiny   ③ distance   ④ district   _____

5. 次の英語を日本語にしなさい。

18. the language barrier   _____

19. a labor union   _____

20. the history of mankind   _____

21. landscape painting   _____

22. tell a fairy tale   _____

23. muscles and bones   _____

6. 次の日本語を英語にしなさい。

24. 水不足   _____

25. 国際情勢   _____

26. 人類の進化   _____

27. 西洋文明   _____

28. サクラの花   _____

29. 大量殺人   _____

30. 政治改革   _____

1 Starting

2 Fundamental

3 Essential

4 多義語

PLUS

1. (1)と(2)の各単語で，最も強く発音する音節の番号を選びなさい。

  (1) bar-ri-er   (2) vol-ume   (1) _____ (2) _____

    ① ② ③   ① ②

2. She won her position by (   ) of hard work. （西南学院大）

   ① effort   ② agency   ③ virtue   ④ lack   _____

(6)名詞 『システム英単語 Basic〈5訂版〉』p. 278〜281　解答冊子 p. 46

 Essential Stage No. 1311〜1340 ∣ ／30

1. 下線部には最もよくあてはまる語，また（　）には適切な前置詞を入れなさい。

1. future (p)＿＿＿＿＿＿＿＿　　　将来の見通し

2. a (q)＿＿＿＿＿＿＿（　　　　　）my wife　妻との口論

3. unique (a)＿＿＿＿＿＿（　　　　　　）Japanese culture　日本文化のユニークな側面

4. a three-minute (p)＿＿＿＿＿＿＿　　3分間の休止

5. the (c)＿＿＿＿＿＿＿（　　　　　）the two sides　その両者間の対立

6. destroy the ozone (l)＿＿＿＿＿＿＿　　オゾン層を破壊する

7. a (c)＿＿＿＿＿＿＿（　　　　　）the mystery　その謎を解く手がかり

8. （　　　　　）any (c)＿＿＿＿＿＿＿　　いかなる状況においても

2. それぞれの指示に合う単語を答えなさい。

9. merit の反対語　　　　　　　　　　　　　＿＿＿＿＿＿＿＿＿

10. prison の同意語　　　　　　　　　　　　　＿＿＿＿＿＿＿＿＿

3. 次の単語の意味として適切なものを選択肢の中から1つ選びなさい。

11. corporation	①企業	②共同体	③協力	＿＿＿＿
12. seed	①種	②布	③料理	＿＿＿＿
13. symptom	①症状	②治療	③発見	＿＿＿＿
14. companion	①案内	②会社	③仲間	＿＿＿＿
15. procedure	①進行	②手続き	③場所	＿＿＿＿
16. oxygen	①酸素	②炭素	③窒素	＿＿＿＿
17. boundary	①境界	②抗争	③団結	＿＿＿＿

4. [　] にあてはまる適切な単語を選択肢の中から1つ選びなさい。

18. a former British [　　　] 　元イギリスの植民地

　① colony　　② community　　③ component　　④ conformity　　＿＿＿＿

19. a musical [　　　]　音楽の天才
　　① gender　　　② gene　　　③ genius　　　④ grain　　　_____

20. the city's business [　　　]　その都市の商業地区
　　① distinct　　② distract　　③ distress　　④ district　　_____

21. chief [　　　] officer　最高執行責任者（CEO）
　　① editor　　② employee　　③ employer　　④ executive　_____

22. a strong sense of [　　　]　強い正義感
　　① judge　　② jury　　③ justice　　④ juvenile　_____

23. lead a life of [　　　]　ぜいたくな生活を送る
　　① flavory　　② jury　　③ luxury　　④ treasury　_____

24. the [　　　] of the book　その本の主題
　　① subjection　② subjective　③ tamer　④ theme　_____

5. 次の英語を日本語にしなさい。

25. an intellectual profession　　_____

26. white privilege　　_____

27. the sun's rays　　_____

6. 次の日本語を英語にしなさい。

28. 経済的繁栄　　_____

29. 天国に昇る　　_____

30. 資金不足　　_____

PLUS
　下線部の発音が他の語と異なるものを1つ選びなさい。
　　① fever　　② genius　　③ merit　　④ theme　　_____

1 Starting
2 Fundamental
3 Essential
4 多義語

(6)名詞　『システム英単語 Basic〈5訂版〉』p. 281 〜 285　　解答冊子 p. 47

46 *Essential Stage* No. 1341〜1370　　/30

1. 下線部には最もよくあてはまる語，また（　　）には適切な前置詞を入れなさい。

1. his (a)＿＿＿＿＿＿＿（　　　　） be a writer　作家になりたいという彼の熱望

2. a deep (a)＿＿＿＿＿＿＿（　　　　） animals　動物への深い愛情

3. a (c)＿＿＿＿＿＿＿（　　　　） President　大統領候補

4. an (o)＿＿＿＿＿＿＿（　　　　） communication　コミュニケーションの障害

5. the (c)＿＿＿＿＿＿＿（　　　　） promote tourism　観光を促進する運動

6. a deep (i)＿＿＿＿＿＿＿（　　　　） life　人生に対する深い洞察

7. the (i)＿＿＿＿＿＿＿（　　　　） the country　その国の住民

2. 指示に合う単語を答えなさい。

8. labor の形容詞形　　　　　　　　　　　　　＿＿＿＿＿＿＿

3. 次の単語の意味として適切なものを選択肢の中から１つ選びなさい。

9. philosophy	①運命	②学問	③哲学	＿＿＿
10. bomb	①攻撃	②破裂	③爆弾	＿＿＿
11. priority	①計画	②捕虜	③優先	＿＿＿
12. tribe	①地区	②部族	③文化	＿＿＿
13. satellite	①衛星	②手段	③障害	＿＿＿
14. cough	①痛み	②せき	③熱	＿＿＿
15. insult	①差別	②侮辱	③偏見	＿＿＿
16. instinct	①衝動	②本能	③欲求	＿＿＿
17. legend	①教訓	②小説	③伝説	＿＿＿

4. [　　] にあてはまる適切な単語を選択肢の中から１つ選びなさい。

18. study social [　　]　社会心理学を研究する

　① physics　　② physiology　　③ psychiatry　　④ psychology　　＿＿＿

19. a [　　　] at the hospital　その病院の医者

① physician　　② physicist　　③ psychiatrist　　④ psychologist　　_____

20. decide the [　　　] of the world　世界の運命を決定する

① factor　　② fate　　③ feat　　④ force　　_____

21. a training [　　　] for pilots　パイロットの訓練計画

① creme　　② extreme　　③ scheme　　④ supreme　　_____

22. the [　　　] for the crime　犯罪の動機

① margin　　② merge　　③ motion　　④ motive　　_____

5. 次の英語を日本語にしなさい。

23. the International Olympic Committee　_____

24. relieve tension　_____

25. cut the defense budget　_____

6. 次の日本語を英語にしなさい。

26. 天気予報　_____

27. 食欲がない　_____

28. 喜びと悲しみ　_____

29. 化石燃料を燃やす　_____

30. ローマ帝国　_____

1 Starting

2 Fundamental

3 Essential

4 多義語

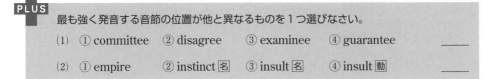

PLUS

最も強く発音する音節の位置が他と異なるものを１つ選びなさい。

(1)　① committee　② disagree　③ examinee　④ guarantee　　____

(2)　① empire　② instinct 名　③ insult 名　④ insult 動　　____

(6)名詞　『システム英単語 Basic〈5訂版〉』p. 285 〜 289　　解答冊子 p. 48

47 *Essential Stage* No. 1371〜1400 　　／30

1. 次の各フレーズの下線の語の意味を答えなさい。

1．the treatment of cancer 　　　　　　　　　　　　　＿＿＿＿＿＿＿

2. 下線部に最もよくあてはまる語，また（　　）には適切な前置詞を入れなさい。

2．live in the (s)＿＿＿＿＿＿＿ of London　ロンドンの郊外に住む

3．study modern (a)＿＿＿＿＿＿＿　近代建築を学ぶ

4．two (d)＿＿＿＿＿＿＿ eggs　２ダースの卵

5．have no (o)＿＿＿＿＿＿＿　選択の自由がない

6．the (m)＿＿＿＿＿＿＿ of a clock　時計の仕組み

7．pay the bus (f)＿＿＿＿＿＿＿　バスの運賃を払う

8．a large (p)＿＿＿＿＿＿＿（　　　　　）your salary　給料の大部分

3. 指示に合う単語を答えなさい。

9．tragedy の反対語 　　　　　　　　　　　　　　　　　＿＿＿＿＿＿＿

4. 次の単語の意味として適切なものを選択肢の中から１つ選びなさい。

10．harvest	①収穫	②農耕	③平原	＿＿＿
11．voyage	①航海	②失敗	③発見	＿＿＿
12．anthropologist	①考古学者	②心理学者	③人類学者	＿＿＿
13．antibiotic	①抗生物質	②生化学	③生物圏	＿＿＿
14．curriculum	①教育課程	②教職員	③行事予定	＿＿＿
15．wheat	①芋	②かぼちゃ	③小麦	＿＿＿
16．famine	①飢饉	②侵略	③不況	＿＿＿
17．extinction	①区別	②消費	③絶滅	＿＿＿

5. [　] にあてはまる適切な単語を選択肢の中から１つ選びなさい。

18. persuade him with [　]　彼を論理で説得する
　　① legacy　　② legend　　③ legislation　　④ logic　　_____

19. the [　] of the cake　ケーキの材料
　　① incidents　　② ingredients　　③ instances　　④ instruments　　_____

20. test the [　]　仮説を検証する
　　① analysis　　② argument　　③ conception　　④ hypothesis　　_____

21. the [　] of a fashion magazine　ファッション雑誌の編集長
　　① composer　　② editor　　③ employer　　④ inspector　　_____

22. the [　] of the body　人体の構成要素
　　① characteristics　② components　　③ composers　　④ compounds　　_____

23. take money out of the [　]　財布からお金を取り出す
　　① path　　② pulse　　③ purse　　④ pursuit　　_____

24. English [　] music　イギリスの民族音楽
　　① folk　　② fork　　③ hack　　④ hawk　　_____

6. 次の英語を日本語にしなさい。

25. the southern hemisphere　_____

26. modern English usage　_____

27. a sand castle　_____

7. 次の日本語を英語にしなさい。

28. 愛と情熱　_____

29. 借金を返す　_____

30. 人口爆発　_____

PLUS
下線部の発音が他の語と異なるものを１つ選びなさい。
① architecture　② channel　③ mechanism　④ scheme　_____

⑹名詞　『システム英単語 Basic〈5訂版〉』p. 289～292　　解答冊子 p. 49

48 *Essential Stage* No. 1401～1430 　　/30

1. 下線部には最もよくあてはまる語，また（　　）には適切な前置詞を入れなさい。

1. Japanese cultural (h)＿＿＿＿＿＿＿　日本の文化遺産

2. an important (f)＿＿＿＿＿＿（　　　　　）success　成功の重要な要因

3. (d)＿＿＿＿＿＿（　　　　　）women　女性に対する差別

4. a (p)＿＿＿＿＿ in the church　教会の神父

5. go to the (g)＿＿＿＿＿ store　食料品店に行く

6. Galileo's (a)＿＿＿＿＿＿　ガリレオの天文学

7. recent research (f)＿＿＿＿＿＿　最近の研究による発見

8. British military (s)＿＿＿＿＿＿　イギリスの軍事戦略

2. それぞれの指示に合う単語を答えなさい。

9. bay の同意語　　　　　　　　　　　　　　　　＿＿＿＿＿＿＿

10. diversity の同意語　　　　　　　　　　　　　　＿＿＿＿＿＿＿

3. 次の単語の意味として適切なものを選択肢の中から１つ選びなさい。

11. merchant　①商人　　　　②港　　　　　③名品　　　　＿＿＿＿

12. thumb　　　①親指　　　　②薬指　　　　③中指　　　　＿＿＿＿

13. statue　　　①像　　　　　②範囲　　　　③表現　　　　＿＿＿＿

14. pioneer　　①継承者　　　②先駆者　　　③発見者　　　＿＿＿＿

15. dialect　　①隠語　　　　②俗語　　　　③方言　　　　＿＿＿＿

16. youngster　①子供　　　　②俳優　　　　③有名人　　　＿＿＿＿

17. opponent　①敵　　　　　②犯人　　　　③味方　　　　＿＿＿＿

4. [　] にあてはまる適切な単語を選択肢の中から１つ選びなさい。

18. ancient Greek [　　] 　古代ギリシャの神話

　　① masses　　② messes　　③ misses　　④ myths　　＿＿＿＿

19. the small [   ] of everyday life　日常生活の小さな出来事
　　① incidents　　② insistences　　③ instruments　　④ irrigations　　_____

20. the flu [   ]　インフルエンザウイルス
　　① virtue　　② virus　　③ wheels　　④ wills　　_____

21. strong family [   ]　家族の強いきずな
　　① bases　　② bombs　　③ bonds　　④ bullies　　_____

22. his [   ] desk　彼の秘書の机
　　① clerk's　　② minister's　　③ priest's　　④ secretary's　　_____

23. a dangerous [   ]　危険な物質
　　① strength　　② substance　　③ sustainer　　④ sustenance　　_____

5. 次の英語を日本語にしなさい。

24. marine organisms　　_____

25. the United States Congress　　_____

26. personality traits　　_____

6. 次の日本語を英語にしなさい。

27. 野生生物を保護する　　_____

28. 死刑　　_____

29. 歴史と地理　　_____

30. 彼の心臓と肺　　_____

PLUS

1. 下線部の発音が他の語と異なるものを1つ選びなさい。
　　① bomb　　② combine　　③ debt　　④ thumb　　_____

2. 左の語の下線部と同じ発音を含むものを選択肢の中から1つ選びなさい。（東洋大）
　　thumb　　① launch　　② luxury　　③ bullet　　④ nuclear　　_____

(6)名詞　『システム英単語 Basic〈5訂版〉』p. 292〜297　　解答冊子 p. 50

49 **Essential Stage** No. 1431〜1460 　／30

1. 下線部に最もよくあてはまる語を入れなさい。

1. the (o)＿＿＿＿＿＿ of the race　レースの結果
2. the (f)＿＿＿＿＿＿ of fresh fruit　新鮮なフルーツの風味
3. 24-hour (n)＿＿＿＿＿＿　24時間看護
4. have open heart (s)＿＿＿＿＿＿　心臓切開手術を受ける
5. greenhouse gas (e)＿＿＿＿＿＿　温室効果ガスの排出

2. 次の単語の意味として適切なものを選択肢の中から1つ選びなさい。

6. mammal　①大型生物　②魚介　③哺乳類　＿＿＿
7. telescope　①探査機　②分光器　③望遠鏡　＿＿＿
8. particle　①進路　②広がり　③粒子　＿＿＿
9. suicide　①殺人　②自殺　③犯罪　＿＿＿
10. dinosaur　①恐竜　②は虫類　③両生類　＿＿＿
11. molecule　①鑑定　②分子　③分析　＿＿＿
12. transplant　①移植　②外科　③保護　＿＿＿
13. cattle　①牛　②城　③馬車　＿＿＿

3. [　]にあてはまる適切な単語を選択肢の中から1つ選びなさい。

14. [　] camps in Palestine　パレスチナの難民キャンプ
　① referee　② referent　③ reform　④ refugee　＿＿＿
15. a strict dress [　]　厳しい服装規則
　① caution　② code　③ courtesy　④ precaution　＿＿＿
16. the natural [　] of bears　クマの自然生息地
　① habitat　② heredity　③ hierarchy　④ inheritance　＿＿＿
17. high-[　] food　高タンパク質の食べ物
　① carbohydrate　② mineral　③ obesity　④ protein　＿＿＿
18. enough sleep and [　]　十分な睡眠と栄養
　① nuisance　② nursing　③ nurture　④ nutrition　＿＿＿

19. the smell of [   ] 汗の臭い

  ① sway   ② sweat   ③ sweep   ④ sweet   _____

20. many [   ] of birds 多くの種の鳥

  ① shapes   ② societies   ③ spaces   ④ species   _____

21. the [   ] of my finger 私の指の先

  ① tap   ② tape   ③ tip   ④ top   _____

22. high population [   ] 高い人口密度

  ① density   ② destiny   ③ dignity   ④ diversity

4. 次の英語を日本語にしなさい。

23. a religious ritual   _____

24. conservation groups   _____

25. the New York City Council   _____

26. monkeys and apes   _____

5. 次の日本語を英語にしなさい。

27. 学校のいじめ   _____

28. 年齢と性別   _____

29. 技術革新   _____

30. 自然災害に備える   _____

PLUS

1. 左の語の下線部と同じ発音を含むものを選択肢の中から１つ選びなさい。

  species   ① especially   ② special   ③ creature   ④ create   ____

2. 下線部の発音が他の語と異なるものを１つ選びなさい。

  ① breathe   ② cease   ③ creature   ④ sweat   ____

3. No one could predict the (   ) of the London marathon. （立命館大）

  ① landlord   ② liquid   ③ outcome   ④ timber   ____

⑹名詞〜⑺形容詞　『システム英単語 Basic〈5訂版〉』p. 297 〜 301　　解答冊子 p. 51

50 *Essential Stage* No. 1461〜1490 　　　／30

1. 次の各フレーズの下線の語の意味を答えなさい。

1．the concept of time 　　　　　　　　　　　　　　　　　　　＿＿＿＿＿＿＿

2．the widespread use of cell phones 　　　　　　　　　　　　＿＿＿＿＿＿＿

2. 下線部には最もよくあてはまる語，また（　　）には適切な前置詞を入れなさい。

3．a worker (l)＿＿＿＿＿＿＿　（　　　　　）the company　会社に忠実な労働者

4．be (i)＿＿＿＿＿＿　（　　　　）the world　世界から孤立している

5．make (v)＿＿＿＿＿＿　progress　目に見える進歩をとげる

6．I'm (a)＿＿＿＿＿＿　（　　　　）myself.　自分が恥ずかしい

3. それぞれの指示に合う単語を答えなさい。

7．reluctant の同意語 　　　　　　　　　　　　　　　　　　　＿＿＿＿＿＿＿

8．rural の反対語 　　　　　　　　　　　　　　　　　　　　　＿＿＿＿＿＿＿

9．adequate の反対語 　　　　　　　　　　　　　　　　　　　＿＿＿＿＿＿＿

10．abstract の反対語 　　　　　　　　　　　　　　　　　　　＿＿＿＿＿＿＿

4. 次の単語の意味として適切なものを選択肢の中から1つ選びなさい。

11．generous	①一般的な	②遺伝の	③気前のよい	＿＿＿
12．vague	①強烈な	②漠然とした	③明確な	＿＿＿
13．vast	①広大な	②不毛の	③無人の	＿＿＿
14．remote	①近郊の	②郊外の	③へんぴな	＿＿＿
15．silly	①おもしろい	②知的な	③ばかな	＿＿＿
16．odd	①おかしな	②孤立した	③社交的な	＿＿＿
17．excessive	①過度の	②高価な	③習慣的な	＿＿＿
18．inevitable	①忌まわしい	②避けられない	③予想できない	＿＿＿

5. [　] にあてはまる適切な単語を選択肢の中から１つ選びなさい。

19. [　] species of birds　たくさんの種の鳥
① neutral　② notorious　③ nuisance　④ numerous　_____

20. need [　] action　緊急の行動を必要とする
① upright　② urban　③ urgent　④ utmost　_____

21. a man of [　] talent　並はずれた才能の持ち主
① eternal　② exact　③ exquisite　④ extraordinary　_____

22. a [　] amount of energy　とてつもない量のエネルギー
① terrible　② thrilling　③ trembling　④ tremendous　_____

6. 次の英語を日本語にしなさい。

23. precious jewels　_____

24. a striking contrast　_____

25. mutual understanding　_____

7. 次の日本語を英語にしなさい。

26. 君は青白い顔をしている。　_____

27. 熱帯雨林　_____

28. 複雑な問題　_____

29. 生の肉を食べる　_____

30. 純金　_____

PLUS

1. （　）に入れるのに最も適当なものを１つ選びなさい。

(1) Jane seems quite (　) of her bad behavior.　（鎌倉女子大）
① shame　② ashame　③ shameful　④ ashamed　_____

(2) Considering the careless way he rode his bicycle, it was (　) that he would have an accident.　（立命館大）
① impossible　② inaccurate　③ inevitable　④ unclear　_____

2. アクセントの位置が他と異なるものを１つ選びなさい。
① complicated　② concentrated　③ agriculture　④ manufacture　_____

(7)形容詞　『システム英単語 Basic〈5訂版〉』p. 301 〜 305　　解答冊子 p. 52

51 *Essential Stage* No. 1491〜1520　　/30

1. 下線部には最もよくあてはまる語，また（　　）には適切な前置詞を入れなさい。

1. be (i)＿＿＿＿＿＿（　　　）politics　政治に無関心だ
2. (m)＿＿＿＿＿＿ work　手を使う仕事
3. have (f)＿＿＿＿＿＿ thinking　柔軟な考えを持っている
4. I'm (g)＿＿＿＿＿＿（　　　）your help.　君の助けに感謝している
5. an (a)＿＿＿＿＿＿ supply of food　豊富な食料供給
6. a (s)＿＿＿＿＿＿ attitude　利己的な態度
7. (r)＿＿＿＿＿＿ differences　人種の違い

2. それぞれの指示に合う単語を答えなさい。

8. rational の反対語　　　　　　　　　＿＿＿＿＿＿
9. initial の動詞形　　　　　　　　　　＿＿＿＿＿＿
10. optimistic の反対語　　　　　　　　＿＿＿＿＿＿

3. 次の単語の意味として適切なものを選択肢の中から1つ選びなさい。

11. stable	①安定した	②一時的な	③緊急の	＿＿＿
12. aggressive	①攻撃的な	②進歩した	③同意見の	＿＿＿
13. shy	①内気な	②綺麗な	③やさしい	＿＿＿
14. brave	①簡潔な	②強力な	③勇敢な	＿＿＿
15. immune	①循環の	②生殖の	③免疫の	＿＿＿
16. linguistic	①運動の	②言語の	③知的な	＿＿＿
17. overwhelming	①圧倒的な	②迫り来る	③わずかな	＿＿＿
18. prominent	①功績ある	②進歩的な	③有名な	＿＿＿

4. [　] にあてはまる適切な単語を選択肢の中から1つ選びなさい。

19. the [　　] goal　究極の目標
　① ultimate　　② upright　　③ utmost　　④ utter　　＿＿＿

20. a [   ] difference　微妙な違い
　　① kettle　　　　② nestle　　　　③ rattle　　　　④ subtle　　　　_____

21. feel [   ] pressure　強烈なプレッシャーを感じる
　　① ingenious　　　② integral　　　③ intense　　　④ intimate　　　_____

22. [   ] treatment of animals　動物に対する残酷な扱い
　　① chronic　　　　② cruel　　　　③ greedy　　　　④ guilty　　　　_____

23. play a [   ] role　重大な役割を果たす
　　① chronic　　② comprehensive　　③ consistent　　④ crucial　　　_____

24. a [   ] conversation　生き生きとした会話
　　① livable　　　　② live　　　　③ lively　　　　④ livery　　　　_____

5. 次の英語を日本語にしなさい。

25.　a profound meaning　　　　_____

26.　the Conservative Party　　　_____

27.　verbal communication　　　　_____

28.　an ugly duckling　　　　　　_____

6. 次の日本語を英語にしなさい。

29.　太陽エネルギー　　　　　　_____

30.　ワインのようなアルコール飲料　_____

1 Starting

2 Fundamental

3 Essential

4 多義語

PLUS

　(1)　I am (   ) to him for his help.　（広島女学院大）
　　　　① due　　　② equal　　　③ grateful　　　④ known　　　_____

　(2)　Tony seemed (   ) to my idea.　（慶應義塾大）
　　　　① bent　　② indifferent　　③ same　　　④ similar　　　_____

⑺形容詞～⑻副詞　『システム英単語 Basic〈5訂版〉』p. 305 ～ 310　　解答冊子 p. 53

52　*Essential Stage*　No. 1521～1550　　|　/30

1. 次の各フレーズの下線の語の意味を答えなさい。

1．children's cognitive abilities　　　　　　　　　　　_____

2．It's absolutely necessary.　　　　　　　　　　　_____

2. 下線部には最もよくあてはまる語，また（　　）には適切な前置詞を入れなさい。

3．a (r)_____ choice　無作為な選択

4．the period (p)_____（　　　　）the war　戦争より前の時代

5．be (f)_____（　　　　）English　英語が流ちょうだ

6．protect the (e)_____ system　生態系を保護する

7．(v)_____ every woman　ほとんどすべての女性

8．There's (l)_____ nothing there.　そこには文字通り何もない

9．(r)_____（　　　　）age　年齢に関係なく

3. それぞれの指示に合う単語を答えなさい。

10．up-to-date の反対語　　　　　　　　　　　_____

11．moderate の反対語（2つ答えなさい）　(e)_____,　(e)_____

4. 次の単語の意味として適切なものを選択肢の中から1つ選びなさい。

12．imaginary　　①映像の　　　　②架空の　　　　③創造性のある　　_____

13．adolescent　　①思春期の　　②成人の　　　　③幼児期の　　　　_____

14．deaf　　　　　①口がきけない　②耳が聞こえない　③目が見えない　_____

15．merely　　　　①単に　　　　②まったく　　　③わずかに　　　　_____

16．thoroughly　　①一時的に　　②徹底的に　　　③ゆっくりと　　　_____

5. [　] にあてはまる適切な単語を選択肢の中から1つ選びなさい。

17．a [　　] social issue　論議を呼ぶ社会問題

　①clumsy　　②comprehensive　　③confident　　④controversial　　_____

18. a [　　] error　ばかげたまちがい
　① pious　　② populous　　③ ridiculous　　④ zealous　　_____

19. the [　　] realities of life　厳しい人生の現実
　① handicapped　② harsh　　③ helpless　　④ hence　　_____

20. an [　　] story　信じられない話
　① incredible　② indigenous　③ inevitable　④ isolated　_____

21. a [　　] castle　中世の城
　① medical　② medieval　③ medium　④ merchant　_____

22. without the [　　] doubt　少しの疑いもなく
　① massive　② plenty　③ slightest　④ sufficient　_____

23. [　　] better than last year　去年より多少よい
　① meanwhile　② somehow　③ somewhat　④ somewhere　_____

24. a [　　] impossible task　一見不可能な仕事
　① seemingly　② sightly　③ simultaneously　④ slightly　_____

6. 次の英語を日本語にしなさい。

25. the Federal Government　_____

26. liberal politics　_____

27. an elaborate system　_____

28. radical changes　_____

29. be ignorant of the fact　_____

7. 次の日本語を英語にしなさい。

30. 酸性雨　_____

PLUS

(1) I sometimes feel I have become less (　　) as I grow older.　（立正大）
　① imaginary　② imaginative　③ image　④ imaginable　⑤ imagine　____

(2) That old woman was barely (　　) but was a highly competent story teller.
　① literal　② literate　③ literary　④ linguistic　（昭和女子大）　____

『システム英単語 Basic〈5訂版〉』p. 314～317　　解答冊子 p. 54

(53) 多義語の *Brush Up*　No. 1～20　　　／30

1. 次の各フレーズの下線の語の意味を答えなさい。

1.　new cases of malaria　　　　　　　　　　　　　　_____

2.　keep bad company　　　　　　　　　　　　　　_____

3.　attend the meeting　　　　　　　　　　　　　　_____

4.　He worked hard; otherwise he would have failed.　_____

5.　He is poor but otherwise happy.　　　　　　　　_____

6.　use scientific terms　　　　　　　　　　　　　　_____

7.　theory and practice　　　　　　　　　　　　　　_____

8.　a race problem　　　　　　　　　　　　　　　_____

9.　a political issue　　　　　　　　　　　　　　　_____

10.　the Democratic Party　　　　　　　　　　　　_____

11.　There is no room for doubt.　　　　　　　　　_____

2. 下線部には最もよくあてはまる語，また（　　）には適切な前置詞を入れなさい。

12.　the (r)_____ to vote　投票する権利

13.　It is also the (c)_____ (　　　　　) him.　それは彼についても事実だ

14.　I sometimes (m)_____ Japan.　時には日本が恋しい

15.　I am on good (t)_____ (　　　　) him.　彼とは仲がよい

16.　face a new (c)_____　新しい難問に直面する

17.　Your (p)_____ is on the line.　相手の方が電話に出ています

3. [　　] にあてはまる適切な単語を選択肢の中から１つ選びなさい。

18.　[　　　] in front of my house　私の家のすぐ前に

　　① early　　　　　② exact　　　　　③ right　　　　　④ soon　　　　_____

19. the [　　] man who would tell a lie　最もうそをつきそうにない人
　① last　　　② late　　　③ latest　　　④ latter　　　_____

20. I can't [　　] this heat.　この暑さには耐えられない
　① do　　　② manage　　　③ relate　　　④ stand　　　_____

21. a [　　] amount of time　ある程度の時間
　① casual　　　② certain　　　③ exact　　　④ several　　　_____

22. I am [　　] of his success.　私は彼の成功を確信している
　① capable　　　② certain　　　③ exact　　　④ firm　　　_____

23. [　　] to patients　患者を世話する
　① adopt　　　② attach　　　③ attain　　　④ attend　　　_____

24. [　　] medicine　医者を営む
　① address　　　② deal　　　③ fix　　　④ practice　　　_____

4. 次の日本語を英語にしなさい。

25. 大会社を経営する　　_____

26. 人々の必要を満たす　　_____

27. 戦争は4年続いた　　_____

28. さあ君の番だ　　_____

29. 問題に直面する　　_____

30. 終電車に乗り遅れる　　_____

1 Starting　2 Fundamental　3 Essential　4 多義語

『システム英単語 Basic〈5訂版〉』p. 318～321　　解答冊子 p. 55

54　*多義語の Brush Up*　No. 21～40　　　　／30

1. 次の各フレーズの下線の語の意味を答えなさい。

1．In a <u>sense</u>, it is right.　　　　　　　　　　　　_____

2．Tell me the exact <u>figures</u>.　　　　　　　　　　　_____

3．a <u>sound</u> body　　　　　　　　　　　　　　　　_____

4．<u>concern</u> about the future　　　　　　　　　　　_____

5．This is <u>even</u> better.　　　　　　　　　　　　　_____

6．against his <u>will</u>　　　　　　　　　　　　　　　_____

2. 下線部には最もよくあてはまる語，また（　　）には適切な前置詞を入れなさい。

7．He came to his <u>(s)　　　　　　　　</u>.　　彼は正気に戻った

8．This pen will <u>(d)　　　　　　　　</u>.　　このペンで十分役に立つ

9．a fault（　　　　　）our <u>(p)　　　　　　　　</u>　　私たちの側の過失

10．the <u>(v)　　　　　　　　</u> man I was looking for　　私が探していたまさにその男

11．<u>(o)　　　　　　　　</u> a book（　　　　　）England　　英国に本を注文する

12．（　　　　　）some <u>(w)　　　　　　　　</u> they are right.　　いくつかの点で彼らは正しい

13．I <u>(m)　　　　　　　　</u>（　　　　　）call you sooner.　　すぐに電話するつもりだった

14．<u>(l)　　　　　　　　</u> the door open　　ドアを開けたまま放置する

15．a <u>(m)　　　　　　　　</u> important point　　非常に重要な点

16．<u>(T)　　　　　　　　</u> have changed.　　状況は変わった

17．an excited <u>(s)　　　　　　　　</u> of mind　　興奮した精神状態

18．I cannot <u>(h)　　　　　　　　</u> laughing.　　笑わずにはいられない

3. [　　] にあてはまる適切な単語を選択肢の中から１つ選びなさい。

19. She is [　　] asleep.　彼女はぐっすり眠っている

① sharp　　　　② solid　　　　③ sore　　　　④ sound　　　_____

20. The island is a long [　　] off.　その島までは距離が遠い

① close　　　　② part　　　　③ right　　　　④ way　　　_____

21. [　　] for others　他人への思いやり

① compromise　② concept　　③ concern　　④ content　　_____

22. a [　　] better idea　さらによい考え

① right　　　　② sharply　　③ still　　　　④ strikingly　_____

23. He is [　　] to me.　彼は私に意地悪だ

① keen　　　　② kidding　　③ mean　　　④ meant　　_____

24. [　　] an opinion　意見を述べる

① charge　　　② follow　　③ pose　　　④ state　　_____

4. 次の日本語を英語にしなさい。

25. その地域に害を与える　　　　_____

26. 経済で役割を果たす　　　　　_____

27. 彼の本当の性格　　　　　　　_____

28. 法と秩序　　　　　　　　　　_____

29. 好きだ。本気で言ってるんだ。　_____

30. 歩くのはいやではない。　　　_____

『システム英単語 Basic〈5訂版〉』p. 322 ～ 325　解答冊子 p. 56

55　多義語の *Brush Up*　No. 41～60　　　／30

1. 次の各フレーズの下線の語の意味を答えなさい。

1．the cause of the failure　　　　　　　　　　＿＿＿＿＿＿＿

2．the future of humanity　　　　　　　　　　＿＿＿＿＿＿＿

3．the people present　　　　　　　　　　　　＿＿＿＿＿＿＿

4．works of art　　　　　　　　　　　　　　　＿＿＿＿＿＿＿

5．This plan will work.　　　　　　　　　　　＿＿＿＿＿＿＿

6．leading artists　　　　　　　　　　　　　　＿＿＿＿＿＿＿

7．middle-class families　　　　　　　　　　　＿＿＿＿＿＿＿

2. 下線部には最もよくあてはまる語，また（　　）には適切な前置詞を入れなさい。

8．soft (m)＿＿＿＿＿＿＿＿＿　　やわらかい物質

9．Something is the (m)＿＿＿＿＿＿＿（　　　　　）my car.　私の車はどこか異常だ

10．be (c)＿＿＿＿＿＿＿（　　　　　）the result　結果に満足している

11．in some (r)＿＿＿＿＿＿　いくつかの点で

12．make a (f)＿＿＿＿＿＿＿in oil　石油で財産を築く

13．fill out the application (f)＿＿＿＿＿＿＿　申込用紙に記入する

14．(p)＿＿＿＿＿＿＿the winner（　　　）the prize　勝者に賞を与える

15．One thing (l)＿＿＿＿＿＿（　　　　）another.　ひとつの事が別の事を引き起こす

16．his (n)＿＿＿＿＿＿abilities　彼の生まれながらの才能

17．(f)＿＿＿＿＿them（　　　）work　彼らを労働から解放する

3. [　　] にあてはまる適切な単語を選択肢の中から1つ選びなさい。

18. It doesn't [　　] what he says.　彼が何と言おうと重要ではない
　① follow　　② matter　　③ mean　　④ turn　　_____

19. He lost all [　　].　彼はすっかり理性を失った
　① nature　　② reason　　③ soul　　④ vision　　_____

20. advance the [　　] of peace　平和運動を推進する
　① candidate　　② career　　③ cause　　④ community　　_____

21. They [　　] that the earth is flat.　彼らは地球は平らだと考える
　① fix　　② form　　③ hire　　④ hold　　_____

4. 次の日本語を英語にしなさい。

22. コミュニケーションの手段　　_____

23. 資産家　　_____

24. 多くの問題を引き起こす　　_____

25. 目的を果たす手段　　_____

26. おつりはいりません　　_____

27. 現在と未来　　_____

28. 月には生物がいない　　_____

29. 君が何と言おうと気にしない。　　_____

30. 授業中にいねむりする　　_____

『システム英単語 Basic〈5訂版〉』p. 325 〜 329　　解答冊子 p. 57

56　多義語の *Brush Up*　No. 61〜80 　　　／30

1. 次の各フレーズの下線の語の意味を答えなさい。

1．the chance of making them angry 　　　　　＿＿＿＿＿＿＿

2．protect workers' interests 　　　　　＿＿＿＿＿＿＿

3．a large amount of water 　　　　　＿＿＿＿＿＿＿

4．fine sand on the beach 　　　　　＿＿＿＿＿＿＿

2. 下線部には最もよくあてはまる語，また（　　）には適切な前置詞を入れなさい。

5．(h)＿＿＿＿＿＿＿ straight（　　　　）Paris　まっすぐパリに向かう

6．(d)＿＿＿＿＿＿＿（　　　　）the problem　問題を処理する

7．my (v)＿＿＿＿＿＿＿（　　　　）education　教育に関する私の見解

8．(v)＿＿＿＿＿＿＿ Japan（　　　　）a safe society　日本を安全な社会と考える

9．(f)＿＿＿＿＿＿＿（　　　　）understand him　彼を理解できない

10．British colonial (r)＿＿＿＿＿＿＿　イギリスの植民地支配

11．The expenses (a)＿＿＿＿＿＿＿（　　　　）$90.　経費は合計 90 ドルになる

12．(l)＿＿＿＿＿＿＿（　　　　）world peace　世界平和を切望する

13．wait（　　　）(l)＿＿＿＿＿＿＿　1 列に並んで待つ

14．People are (s)＿＿＿＿＿＿＿（　　　　）the law.　人は法に支配される

15．the (f)＿＿＿＿＿＿＿（　　　　）speeding　スピード違反の罰金

16．Please (r)＿＿＿＿＿＿＿ me（　　　　）your wife.　奥さんによろしく伝えてください

3. 次の単語の意味として適切なものを選択肢の中から 1 つ選びなさい。

17．wear（My shoes have worn thin.）
　　①すり減る　　　②縮む　　　　③ぴったりだ　　　＿＿＿＿＿

4. [   ] にあてはまる適切な単語を選択肢の中から１つ選びなさい。

18. a great [   ] of data　大量のデータ

   ① damp　　　　② deal　　　　③ deed　　　　④ dose　　　_____

19. a [   ] examination　綿密な検査

   ① clinical　　　② close　　　③ collective　　　④ common　　　_____

20. Small families are the [   ] in Japan.　日本では小家族が普通だ

   ① commonly　　② object　　　③ rule　　　④ usually　　　_____

21. how to [   ] meat　肉を加工する方法

   ① process　　　② settle　　　③ stick　　　④ work　　　_____

5. 次の日本語を英語にしなさい。

22. 親しい友達　　　_____

23. 経済学を専攻する　　　_____

24. 彼の提案に同意する　　　_____

25. 私も君と同じ考えである。　　　_____

26. 電話が話し中だ。　　　_____

27. ６文字の単語　　　_____

28. 好きな学科は数学です。　　　_____

29. 彼の残りの人生　　　_____

30. 休息をとろう。　　　_____

『システム英単語 Basic〈5訂版〉』p. 329～332　　解答冊子 p. 58

57　多義語の *Brush Up*　No. 81～100　　／30

1. 次の各フレーズの下線の語の意味を答えなさい。

1. book a flight　　　　　　　　　　　　　　_____

2. account for the difference　　　　　　　_____

3. fire into the crowd　　　　　　　　　　　_____

4. a strange flying object　　　　　　　　　_____

5. an object of study　　　　　　　　　　　_____

6. manage a big company　　　　　　　　　_____

7. He has a lot of faults.　　　　　　　　　_____

8. maintain that he is innocent　　　　　　_____

2. 下線部には最もよくあてはまる語，また（　　）には適切な前置詞を入れなさい。

9. The insurance (c)_____ the cost.　保険で費用をまかなう

10. Black people (a)_____（　　　　）10% of the population.

　　　　　　　　　　　　　　　　　　　黒人が人口の 10％を占める

11. the (a)_____ of writing　書く技術

12. He was (f)_____（　　　　）his job.　彼は仕事をクビになった

13. (m)_____（　　　　）catch the train　なんとか列車に間に合う

14. (a)_____ responsibility　責任を引き受ける

15. (d)_____ her（　　　）the station　彼女に駅への道を教える

16. He is tired (d)_____（　　　　）lack of sleep.

　　　　　　　　　　　　　　　　　　彼は睡眠不足のせいで疲れている

17. （　　　）a scientific (m)_____　科学的な方法で

3. 次の単語の意味として適切なものを選択肢の中から１つ選びなさい。

18. cover（cover the big news）

    ①をかくす　　　②を編集する　　　③を報道する　　　_____

19. store（store information in a computer）

    ①を検索する　　②を開示する　　　③を蓄える　　　　_____

20. save（save money for a new house）

    ①を蓄える　　　②を使う　　　　　③を投資する　　　_____

21. serve（serve many purposes）

    ①を達成する　　②を持つ　　　　　③に役立つ　　　　_____

22. assume（assume that money can buy happiness）

    ①を疑う　　　　②と思い込む　　　③と主張する　　　_____

23. due（The train is due to arrive at ten.）

    ①かもしれない　②むずかしい　　　③予定だ　　　　　_____

24. manner（It's bad manners to spit.）

    ①身体　　　　　②行儀　　　　　　③方法　　　　　　_____

25. strike（The man struck me as strange.）

    ①印象を与える　②一撃を加える　　③考えを述べる　　_____

4. [　　] にあてはまる適切な単語を選択肢の中から１つ選びなさい。

26. If he fails, it'll be my [　　　]. 彼が失敗したら私の責任だ

    ① failure　　　② fate　　　　③ fault　　　　④ feat　　　_____

27. [　　　] power over people　人々に対し権力を用いる

    ① exclaim　　　② exercise　　③ expand　　　④ expire　　_____

5. 次の日本語を英語にしなさい。

28. 時間と手間を省く　　　　_____

29. 彼が酒を飲むのに反対する　_____

30. かなり長い間　　　　　　_____

『システム英単語 Basic〈5訂版〉』p. 332〜335　　解答冊子 p. 59

58　多義語の *Brush Up*　No. 101〜120　　／30

1. 次の各フレーズの下線の語の意味を答えなさい。

1. a firm belief　　　　　　　　　　　　　　_____

2. bear the pain　　　　　　　　　　　　　　_____

3. conduct an experiment　　　　　　　　　　_____

4. learn a lesson from the failure　　　　　　_____

5. deny the existence of God　　　　　　　　_____

2. 下線部には最もよくあてはまる語，また（　　）には適切な前置詞を入れなさい。

6. have a good (c)_____ of English　英語をうまくあやつる能力がある

7. (s)_____（　　　　）the schedule　予定を守る

8. （　　　　）a similar (f)_____　同じようなやり方で

9. He is（　　　　）(c)_____（　　　　）the case.　彼がその事件の担当だ

10. be (c)_____（　　　　）murder　殺人で告訴される

11. agree（　　　　）some (d)_____　ある程度まで同意する

3. 次の単語の意味として適切なものを選択肢の中から1つ選びなさい。

12. article（an article for sale）
　①看板　　　　②広告　　　　③品物　　　　_____

13. measure（take strong measures）
　①計器　　　　②手段　　　　③専門家　　　_____

14. stick（get stuck on a crowded train）
　①動けなくなる　②たどり着く　③通勤する　_____

15. fix（I'll fix you a drink.）
　①を買ってくる　②を出す　　③を作る　　　_____

16. charge（free of charge）
　①責任　　　　②損失　　　　③料金　　　　_____

17. word（I'll keep my word.）

　①規則　　　　　②自分の世界　　　③約束　　　　　　　＿＿＿＿

18. deny（deny them their civil rights）

　①を与えない　　②を提示する　　　③を保証する　　　　＿＿＿＿

19. break（take a break for a cup of tea）

　①機会　　　　　②失敗　　　　　　③休み　　　　　　　＿＿＿＿

4. [　　] にあてはまる適切な単語を選択肢の中から1つ選びなさい。

20. work for a big [　　]　大きな会社に勤める

　① fame　　　　② farm　　　　③ firm　　　　④ fund　　　　＿＿＿＿

21. That's what [　　].　それが重要なことだ

　① cares　　　② commit　　　③ costs　　　④ counts　　　＿＿＿＿

22. [　　] his talent　彼の才能を高く評価する

　① applaud　　② apply　　　③ appoint　　④ appreciate　＿＿＿＿

23. The hill [　　] a fine view.　丘からいい景色を見わたせる

　① commands　② commits　　③ commute　④ conducts　＿＿＿＿

24. add a [　　] of spice　スパイスを少し加える

　① toll　　　　② tongue　　　③ torture　　④ touch　　　＿＿＿＿

5. 次の日本語を英語にしなさい。

25. 新聞の記事　　　　　＿＿＿＿＿＿＿＿＿＿＿＿＿＿＿＿＿＿＿＿＿

26. 君の助けに感謝する。　＿＿＿＿＿＿＿＿＿＿＿＿＿＿＿＿＿＿＿＿＿

27. 固定された点　　　　＿＿＿＿＿＿＿＿＿＿＿＿＿＿＿＿＿＿＿＿＿

28. 彗星を観察する　　　＿＿＿＿＿＿＿＿＿＿＿＿＿＿＿＿＿＿＿＿＿

29. 電話で彼に連絡をとる　＿＿＿＿＿＿＿＿＿＿＿＿＿＿＿＿＿＿＿＿＿

30. 言語の本質　　　　　＿＿＿＿＿＿＿＿＿＿＿＿＿＿＿＿＿＿＿＿＿

1 Starting

2 Fundamental

3 Essential

4 多義語

『システム英単語 Basic〈5訂版〉』p. 336 〜 339　解答冊子 p. 60

59　多義語の *Brush Up*　No.121〜140　　／30

1. 次の各フレーズの下線の語の意味を答えなさい。

1．the opening address ＿＿＿＿＿＿
2．the freedom of the press ＿＿＿＿＿＿
3．I lived there once. ＿＿＿＿＿＿
4．a flat surface ＿＿＿＿＿＿
5．have no spare money ＿＿＿＿＿＿

2. 下線部には最もよくあてはまる語，また（　）には適切な前置詞を入れなさい。

6．a letter (a)＿＿＿＿ to him　彼に宛てられた手紙
7．feel (p)＿＿＿＿（　）the victims　犠牲者に同情する
8．(b)＿＿＿＿ the champion　チャンピオンに勝つ
9．(p)＿＿＿＿（　）that it is wrong　それは誤りだと指摘する
10．There's no (p)＿＿＿＿（　）writing it.　それを書く意味はない
11．(O)＿＿＿＿ she arrives, we can start.　彼女が来るとすぐ我々は出発できる
12．She is (　) a (d)＿＿＿＿.　彼女は食事制限をしている
13．a (s)＿＿＿＿ of bird　一種の鳥
14．He is (b)＿＿＿＿（　）fail.　彼はきっと失敗する
15．The plane is (b)＿＿＿＿（　）Guam.　その飛行機はグアム行きだ
16．(s)＿＿＿＿ him a few minutes　彼のために少し時間を割く
17．speak in a foreign (t)＿＿＿＿　外国の言葉でしゃべる
18．(s)＿＿＿＿（　）the crown　王位を受け継ぐ

3. 次の単語の意味として適切なものを選択肢の中から1つ選びなさい。

19. item (an expensive item)

　　①記事　　　　　②品物　　　　　③人物　　　　　＿＿＿＿＿

20. capital (labor and capital)

　　①経費　　　　　②資本　　　　　③人材　　　　　＿＿＿＿＿

4. [　　] にあてはまる適切な単語を選択肢の中から1つ選びなさい。

21. [　　] climate change　気候変動に取り組む

　　① adapt　　　　② address　　　　③ adjust　　　　④ approve　　　＿＿＿＿＿

22. cash a [　　]　小切手を現金に換える

　　① bill　　　　　② charge　　　　③ check　　　　④ stamp　　　＿＿＿＿＿

23. Meg is a [　　] girl.　メグは賢い子だ

　　① brave　　　　② bright　　　　③ light　　　　④ lively　　　＿＿＿＿＿

24. The case went to [　　].　その事件は裁判になった

　　① council　　　② court　　　　③ party　　　　④ policy　　　＿＿＿＿＿

25. [　　] for the discovery　その発見の功績

　　① craft　　　　② credit　　　　③ part　　　　④ portion　　　＿＿＿＿＿

5. 次の日本語を英語にしなさい。

26. 彼が来られないのは残念なことだ。　＿＿＿＿＿＿＿＿＿＿＿＿＿＿＿＿＿

27. 健康的な食事　　　　　　　　　　＿＿＿＿＿＿＿＿＿＿＿＿＿＿＿＿＿

28. 経済学の論文を書く　　　　　　　＿＿＿＿＿＿＿＿＿＿＿＿＿＿＿＿＿

29. ディナーの勘定書　　　　　　　　＿＿＿＿＿＿＿＿＿＿＿＿＿＿＿＿＿

30. オーストラリアの首都　　　　　　＿＿＿＿＿＿＿＿＿＿＿＿＿＿＿＿＿

1 Starting

2 Fundamental

3 Essential

4 多義語

『システム英単語 Basic〈5訂版〉』p. 339〜342　　解答冊子 p. 61

60　多義語の Brush Up　No.141〜160　　/30

1. 次の各フレーズの下線の語の意味を答えなさい。

1．They all went out <u>but</u> me.　　　　＿＿＿＿＿＿

2．scientists of many <u>disciplines</u>　　＿＿＿＿＿＿

3．an electricity <u>bill</u>　　　　　　　＿＿＿＿＿＿

4．She got <u>mad</u> at me.　　　　　　＿＿＿＿＿＿

5．feel no <u>shame</u>　　　　　　　　＿＿＿＿＿＿

6．English with an Italian <u>accent</u>　　＿＿＿＿＿＿

7．the <u>late</u> Mr. Ford　　　　　　　＿＿＿＿＿＿

2. 下線部には最もよくあてはまる語，また（　）には適切な前置詞を入れなさい。

8．(g)＿＿＿＿＿ the present conditions　現状を考慮すると

9．Honesty doesn't always (p)＿＿＿＿＿.　正直は割に合うとは限らない

10．a (g)＿＿＿＿＿ many people　かなり多くの人

11．(y)＿＿＿＿＿（　）pressure　圧力に屈する

12．(r)＿＿＿＿＿ three children　3人の子供を育てる

13．What a (s)＿＿＿＿＿!　なんと残念なことか

14．(d)＿＿＿＿＿ the dog（　）犬を追い払う

3. 次の単語の意味として適切なものを選択肢の中から1つ選びなさい。

15．vision（a vision of the city）
①風景　　②訪問　　③未来像　　＿＿＿

16．given（in a given situation）
①固定された　②推定された　③特定の　＿＿＿

17．bill（a ten dollar bill）
①切手　　②小切手　　③紙幣　　＿＿＿

18. board (the school board)
　①委員会　　　②規則　　　③掲示板　　　＿＿＿＿

19. waste (industrial waste)
　①界　　　②廃棄物　　　③利用　　　＿＿＿＿

20. drive (my strong drive to succeed)
　①嫌悪　　　②本能　　　③欲求　　　＿＿＿＿

4. [　] にあてはまる適切な単語を選択肢の中から１つ選びなさい。

21. [　] the dispute　紛争を解決する
　① account　② address　③ note　④ settle　＿＿＿＿

22. I have [　] one question.　１つだけ質問がある
　① besides　② but　③ save　④ still　＿＿＿＿

23. teach students [　]　学生に規律を教える
　① diploma　② discipline　③ discourse　④ distinction　＿＿＿＿

24. [　] from poverty　貧困に対する救済
　① release　② relief　③ remedy　④ reserve　＿＿＿＿

25. [　] food and wood　食料や木材を産出する
　① cover　② move　③ process　④ yield　＿＿＿＿

26. [　] restaurant　高級レストラン
　① familiar　② fancy　③ fascinating　④ financial　＿＿＿＿

27. He will [　] a good teacher.　彼はよい教師になるだろう
　① form　② make　③ move　④ view　＿＿＿＿

5. 次の日本語を英語にしなさい。

28. アメリカに定住する　＿＿＿＿＿＿＿＿＿＿

29. 同じ仕事に対する同じ給料　＿＿＿＿＿＿＿＿＿＿

30. お金を浪費する　＿＿＿＿＿＿＿＿＿＿

1 Starting　2 Fundamental　3 Essential　4 多義語

『システム英単語 Basic〈5訂版〉』p. 342〜344　解答冊子 p. 62

61 多義語の *Brush Up*　No. 161〜174　／20

1. 次の各フレーズの下線の語の意味を答えなさい。

1. virtue and vice　＿＿＿＿＿＿＿
2. a five-story building　＿＿＿＿＿＿＿
3. go to the gym to keep fit　＿＿＿＿＿＿＿
4. a ten-pound note　＿＿＿＿＿＿＿
5. the authority of the state　＿＿＿＿＿＿＿
6. Consider a fruit, say, an orange.　＿＿＿＿＿＿＿

2. 下線部には最もよくあてはまる語，また（　）には適切な前置詞を入れなさい。

7. There was not a (s)＿＿＿＿＿＿ there.　そこには1人もいなかった
8. play a (t)＿＿＿＿（　　）the teacher　先生にいたずらする
9. He is (n)＿＿＿＿（　　）his intelligence.　彼は知的なことで有名だ
10. (c)＿＿＿＿ group　実験の対照群

3. 次の単語の意味として適切なものを選択肢の中から1つ選びなさい。

11. lot (She accepted her lot.)
①運命　②多くのもの　③順序　＿＿＿＿
12. trick (trick him into buying the pot)
①を脅す　②を説得する　③をだます　＿＿＿＿
13. spring (New companies will spring up there.)
①移転する　②出現する　③目をつける　＿＿＿＿
14. note (take notes on what you hear)
①記憶　②ノート　③メモ　＿＿＿＿

4. [　] にあてはまる適切な単語を選択肢の中から1つ選びなさい。

15. [　] control　軍備制限
　① alarm　　② allies　　③ amateur　　④ arms　　_____

16. [　] a problem　問題を引き起こす
　① leave　　② pose　　③ process　　④ run　　_____

17. [　] that the book is non-fiction.　その本は実話だということに注意しなさい
　① Fancy　　② Note　　③ Observe　　④ Review　　_____

5. 次の日本語を英語にしなさい。

18. 彼女の肉体と魂　　_____

19. 副大統領　　_____

20. 彼女は私の話に感動した。　　_____

システム英単語 Basic〈5訂版対応〉
チェック問題集

著　　　者	霜　　　康　司
	刀祢　　雅　彦
発　行　者	山　崎　良　子
印刷・製本	株式会社日本制作センター
発　行　所	駿台文庫株式会社

〒101-0062　東京都千代田区神田駿河台1-7-4
小畑ビル内
TEL. 編集　03(5259)3302
販売　03(5259)3301
《③－196pp.》

ISBN978-4-7961-1143-0　　　　Printed in Japan

駿台文庫 web サイト
https://www.sundaibunko.jp

A
SYSTEMATIC
APPROACH
TO
ENGLISH WORDS
Basic
5th Edition

EXERCISE BOOK

解答編

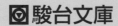 駿台文庫

解答や解説の後ろにある（　）内の番号は，『システム英単語
Basic〈5訂版〉』での単語番号を表しています。

2

Starting Stage No. 1〜30

1. 1．try ／ to（2）　　　2．grow ／ up（4）　　　3．spend（10）

　　4．lie（13）　　　5．act（16）　　　6．rises（17）

　　7．fight ／ against（23）　　　8．dressed ／ in（25）　　　9．communicate ／ with（26）

　　10．separate ／ from（30）

2. 11．get to A（14）

3. 12．②（3）　　　13．①（6）　　　14．②（12）　　　15．③（28）

4. 16．②（5）　　　17．④（9）　　　18．③（11）　　　19．③（29）

5. 20．マンガを読むのを楽しむ（7）　　　21．新しい問題を生み出す（8）

　　22．新しい世界を発見する（15）　　　23．飛べればいいのにと思う（20）

　　24．子供の数が減った（27）

6. 25．help him find a room（1）　　　26．Don't forget to call him.（18）

　　27．hang a picture on the wall（19）　　　28．be born with a talent for music（21）

　　29．win a prize（22）　　　30．pick up a coin（24）

　　(1)　③　「私は音楽を聴いて楽しむ」

　　　　★ enjoy Ving「V するのを楽しむ」(7)

　　(2)　④　「私は夜はたいていテレビを見て過ごした」

　　　　★ spend time Ving「V して時間を過ごす」(10)

2　*Starting Stage*　No. 31〜60

1.　1．を紹介する（56）

2.　2．linked ／ to [with]（44）　　3．repeat（45）　　　4．mix ／ with（46）
　　5．recycle（47）　　　　　　　6．roll（48）　　　　　7．blowing（51）
　　8．limit（54）　　　　　　　　9．dig（58）

3.　10．pull（31）⇔ push（32）

4.　11．③（35）　　　12．①（40）　　　13．②（49）　　　14．②（59）

5.　15．②（36）　　　16．②（39）　　　17．①（41）　　　18．②（43）　　　19．①（50）
　　20．④（52）

6.　21．ソファでくつろぐ（38）　　　　22．食料を集める（42）
　　23．スペインから西に船旅をする（53）　　24．そのニュースについて論評する（55）
　　25．ほえる犬（57）

7.　26．push a button（32）　　　　　27．hunt wild animals（33）
　　28．hide the truth from them（34）　　29．climb Mount Everest（37）
　　30．The sun is shining.（60）

（1）　③　「転石こけむさず」（48）
（2）　①　「今日の午後私がまたここに来るよう彼は頼んだ」
　　★ request ＋ that 〜の that 節中では，原形 V または should V が用いられる。（49）

Starting Stage　No. 61〜90

1.　1．shut（61）　　　　2．knock／on（63）　　　3．pass（66）

　　4．hope（69）　　　　5．reported（73）　　　6．shocked（74）

　　7．steal／from（75）　　8．disagree／with／on（78）

　　9．boil（79）　　　　10．in／place（81）　　　11．ages（87）

　　12．information（88）　　13．land（90）

2.　14．entrance／entry（62）　15．borrow（709）⇔ lend（64）

3.　16．④（65）　　　17．③（68）　　　18．④（83）　　　19．①（84）　　　20．④（86）

4.　21．ほえる犬はめったにかまない（76）　　22．新しい仕事につく（82）

5.　23．shout at him（67）　　　　　24．He's planning to visit India.（70）

　　25．plant trees（71）　　　　　26．record data（72）

　　27．It began to rain.（77）　　　28．fried chicken（80）

　　29．people from different cultures（85）　30．the cost of living（89）

PLUS

1．①　「8時ごろ私がオフィスに入ると，同僚たちはわりあてられた仕事をすで
　　　　にすべてやり終えていることがわかった」
　　★ enter は場所に入るときは他動詞。into は不要。（62）

2．①　「私は来年車を買えることを願う」　★ hope＋that〜「〜を望む」（69）
　　★× want that 〜としてはいけない。
　　★ wish（that）〜は実現されない願望を表し，that 節中では仮定法を使う。（20）

3．③　①「そのニュースについて彼はほとんど何も知らない」
　　　　②「彼女は最近まで絶えず努力していた」
　　　　③「私たちはほんの少ししか情報が得られなかった」
　　　　④「警察は常にあなたを助けようとしてくれる」
　　★③ very few informations → very little information
　　information「情報」は不可算名詞である。（88）

4 *Starting Stage* No. 91〜120

1. 1. in／past（92）　　2. health（94）　　3. space（95）
4. have／conversations（104）5. have／accident（107）6. in／opinion（112）
7. bit／of（114）　　　8. contact／with（115）9. belief（117）

2. 10. ①（91）　11. ③（96）　12. ②（97）　13. ②（105）
14. ②（108）　15. ③（111）　16. ③（120）

3. 17. ②（103）　18. ③（113）

4. 19. 彼女の歌手になりたいという夢（98）　20. 卒業式（99）
21. その瞬間に（100）　22. アマゾンの雨林（102）
23. 彼が生きていることに疑いはない（118）24. その会議の日程（119）

5. 25. make plans for the future（93）　26. pay a high price（101）
27. the ability to think（106）　28. higher than average（109）
29. his success in business（110）　30. high blood pressure（116）

6

 Starting Stage No. 121～150

1. 1．fun（123）　　　2．goal（125）　　　3．by／mail（129）

4．do／damage（131）　5．post（135）　　6．guest（138）

7．guide（139）　　8．in／hurry（141）　9．error／in（146）

10．on／spot（147）　11．blanks（148）

2. 12．③（128）　　13．②（143）

3. 14．②（124）　15．①（132）　16．②（140）　17．①（145）　18．③（149）

4. 19．1日に3回食事をとる（121）　　20．私たちは誰も彼を知らない（126）

21．大きな音を立てる（127）　　　22．動物で新薬をテストする（134）

23．ポップコーンのにおい（136）　　24．介護施設の看護師（137）

25．数学を学ぶ（150）

5. 26．the sale of books（122）　　27．run out of gas（130）

28．work on a farm（133）　　　29．a large-scale market（142）

30．tell a joke（144）

PLUS

②「そのストライキは明らかに，すでに危険なその国の経済に大きな損害を与えた」

★ do damage to A「A に損害を与える」（131）

『システム英単語 Basic〈5訂版〉』p. 66〜71　　問題冊子 p. 18

6 *Starting Stage* No. 151〜180

1. 1. take／bath（152）　　2. soldiers（154）　　3. in／cash（161）

4. hero（164）　　5. gap／between（165）　　6. guard（166）

7. with／ease（167）　　8. army（168）　　9. coal（173）

10. guy（177）　　11. in／situation（179）

2. 12. ③（156）　　13. ①（157）　　14. ②（160）　　15. ②（169）　　16. ③（180）

3. 17. ②（158）　　18. ②（170）　　19. ①（172）

4. 20. 2 ブロック歩く（153）　　21. オーストラリアの西海岸（162）

22. 自転車に乗る（174）

5. 23. Help me with my homework.（151）　　24. make a long journey（155）

25. have a sense of humor（159）　　26. get a high salary（163）

27. in the second paragraph（171）　　28. make a fool of him（175）

29. for the sake of children（176）　　30. get a driver's license（178）

PLUS

1. ④　many homeworks → much [a lot of] homework　「キャロルは先週あ
   まりにたくさんの宿題をしなければいけなかったので，取り乱していた」
   ★ homework は不可算名詞なので，複数形にできない。（151）

2. ④　「キャリーはわずかな給料のために一生懸命オフィスで働く」
   ★「高い [安い] 給料」は a high [low] salary または a large [small] salary という。
   high [low] の方がよく使う。（163）

Starting Stage No. 181～210

1. 1．in／setting（191）　　2．joy（194）
　　3．at／midnight（196）　　4．topic（201）
　　5．control／over（204）　　6．in／harmony／with（205）
　　7．balance／between（206）

2. 8．② （181）　9．② （184）　10．① （186）　11．③ （187）
　12．③ （195）　13．① （199）

3. 14．③ （182）　15．② （185）　16．③ （198）　17．② （200）
　18．② （203）　19．④ （209）

4. 20．男の長い影（183）　　　21．階段を下りる（189）
　22．洞くつに入る（192）　　23．多くの誤解の根源（193）
　24．詩人と小説家（197）

5. 25．20 square miles（188）　　26．have a bad headache（190）
　27．a sound wave（202）　　　28．heat energy from the sun（207）
　29．have a wonderful experience（208）　30．a traffic accident（210）

8 *Starting Stage*　No. 211〜240

1.　1．neighbor（211）　　2．attendant（215）　　3．cage（216）

　　4．chopsticks（218）　5．dictionary（220）　6．engineer（221）

　　7．freedom（223）　　8．package（224）　　9．movement（229）

　10．piece／of（230）　11．sightseeing（231）

　12．different／from（233）13．at／least（236）

2.　14．③（225）　　15．②（226）　　16．③（235）

3.　17．③（214）　　18．③（219）　　19．②（222）　　20．③（228）

4.　21．携帯電話でしゃべる（217）

　22．彼は合格すると私は確信している（234）

　23．数年前に（238）　　　　　24．外国語を学ぶ（239）

　25．私の全人生（240）

5.　26．I am in the seventh grade.（212）　27．Anybody can do that.（213）

　28．Good luck!（227）　　29．have trouble finding a job（232）

　30．global warming（237）

PLUS

　1．④　★ be sure to V「きっとV する」（234）

　2．③「概してあなたの意見に賛成です」

　　★ on the whole「概して」（240）＝ in general（877）

10

 9 *Starting Stage* No. 241〜270

1. 1. 公共の（257）

2. 2. necessary（242）　　3. famous／for（244）　　4. afraid／of（245）

5. busy／with（248）　　6. exciting（253）　　7. angry／with（259）

8. friendly（267）　　9. unique／to（268）

3. 10. shallow ⇔ deep（247）　　11. false（1191）⇔ true（249）

12. narrow（641）⇔ wide（252）　　13. die（262）

14. expensive（882）⇔ cheap（265）

4. 15. ②（241）　　16. ③（254）　　17. ①（270）

5. 18. ③（251）　　19. ④（255）　　20. ②（263）

6. 21. 疲れた体（258）　　22. 黒い髪の少女（261）

7. 23. the main reason（243）　　24. All people are created equal.（246）

25. carry a heavy bag（250）　　26. He was surprised to hear it.（256）

27. wild animals（260）　　28. ordinary people（264）

29. Central America（266）　　30. I'm glad to hear that.（269）

PLUS

(1)　④　「家族は全員いろんな仕事をするのに忙しかった」

★ be busy + Ving「Vするのに忙しい」 to V は不可。（248）

(2)　②　「その映画を観て私たちは笑ったが, 本当におもしろいわけではなかった」

★ exciting「〈人を〉わくわくさせる」, excited「〈人が〉わくわくする」。（253）

(3)　③　「いつもインスタント食品を食べていやにならないか」

★ be tired of A「Aに飽きる」（258）＝ be sick of A

『システム英単語 Basic〈5訂版〉』p. 91 ～ 96　　問題冊子 p. 26

10 *Starting Stage*　No. 271 ～ 300

1.　1．貧しい（273）　　　　　2．薄い（293）

2.　3．commercial（275）　　4．honest（278）　　5．proud／of（279）
　　6．fall／asleep（280）　7．crazy／about（289）　8．absent／from（290）
　　9．lonely（296）　　　　10．personal（298）

3.　11．clean ⇔ dirty（286）

4.　12．②（276）　　13．②（281）　　14．②（282）　　15．③（287）

　　16．③（294）　　17．③（300）

5.　18．①（271）　　19．③（272）　　20．③（274）　　21．③（284）
　　22．④（288）　　23．③（291）　　24．①（292）　　25．①（297）

6.　26．そう言うのは正当だ（277）　　　27．すべすべしたプラスチック（295）
　　28．私のかわいい娘（299）

7.　29．overseas travel（283）　　　　30．upper-class people（285）

PLUS　② ★smooth [smúːð] は有声子音（295）。② bathe [béɪð] 以外の単語末の -th は無声
子音の [θ] だ。

Starting Stage No. 301〜330

1. 1．幅の広い（304）

2. 2．rather／than（307）　3．Perhaps（311）　4．instead／of（314）
5．Either／or（315）　6．finally（316）　7．indeed（317）
8．Neither／nor（319）　9．apart／from（325）　10．fairly（328）
11．badly（329）

3. 12．passive（1170）⇔ active（301）　13．inside ⇔ outside（305）

4. 14．②（306）　15．③（322）

5. 16．④（308）　17．①（309）　18．③（310）　19．②（312）　20．③（313）
21．②（318）　22．③（321）　23．①（323）　24．①（326）

6. 25．宇宙の知的生命体を捜す（302）　26．残念ながら彼は来なかった（327）

7. 27．a round table（303）　28．move forward（320）
29．look straight ahead（324）　30．move back and forth（330）

 PLUS

1．④　「アメリカ西部に定住しはじめた初期の時代には，馬は主な輸送手段であり，ほとんどの開拓者たちは上手に馬に乗った」
★ almost は単独では名詞に付けられない。almost all pioneers「ほとんど全ての開拓者」か，most pioneers「たいていの開拓者」なら正しい。（308）
2．①　★ oa は普通 [ou] と発音するが，例外的に abroad, broad だけは [ɔː] だ。（322）

12 **Starting Stage** No. 331 ～ 350

1. 1．already（334）　　2．far／from（335）　　3．anywhere（338）

4．both／and（341）　　5．everywhere（343）

6．halfway／through（344）　7．while（348）　　8．Though（349）

9．Although（350）

2. 10．right ⇔ left（340）

3. 11．④（332）　　12．③（339）　　13．①（345）　　14．④（346）　　15．②（347）

4. 16．2 階の寝室に行く（333）

17．今までにイタリアに行ったことがありますか（342）

5. 18．go downtown（331）　　　19．Thank you anyway.（336）

20．You can call me anytime.（337）

PLUS

④「エルビス・プレスリーはロックのキングだと多くの人が考えているが，彼
はトラックを運転中に初期の曲のいくつかを書いた」

★ during は前置詞なので，during + SV とはできない。while は接続詞なので，…
while he was driving a truck とできる。（347, 348）

13 *Fundamental Stage* No. 351～380

1. 1．を予期する（354）　　2．続く（358）　　3．と提案する（366）

4．を支持する（375）　　5．を向上させる（379）

2. 6．increase／by（353）　　7．reach（361）　　8．forced／to（363）

9．worry／about（368）　　10．depends／on（372）　　11．share／with（373）

3. 12．exclude ⇔ include（359）13．permit（714）／let = allow（362）

14．basic（378）　　　　15．recognition（380）

4. 16．①（352）　　17．②（360）　　18．②（365）　　19．③（376）

5. 20．④（356）　　21．③（364）　　22．③（367）　　23．①（374）

6. 24．follow her advice（351）　　25．decide to tell the truth（355）

26．provide him with information（357）　　27．wonder where he has gone（369）

28．The car cost me $50,000.（370）　　29．tend to get angry（371）

30．regard him as a friend（377）

PLUS

1．②［au］　★ allow の ow の発音は出題頻度トップだから絶対におぼえよう。（362）

① low［lóu］　② how［háu］　③ call［kɔ́:l］　④ road［róud］

2．I demanded that he (should) tell me the answer.

「私は彼が私に答を言うことを要求した」

★ demand ＋ that S (should) ＋原形 V で「S が V することを要求する」の意味になる。

demand ＋ O ＋ to V という形はありそうでないから正誤問題などでねらわれる。（374）

3．②　「この冬休みにまだハワイに行くつもりですか」

「はい，私と行くのを考えてほしいです」

★ consider は目的語に Ving をとる。to V はとらないから注意しよう。（352）

(14) *Fundamental Stage* No. 381～410

1.　1．を減らす（389）　　　2．をあつかう（394）　　　3．を設立する（395）

　　4．を得る（401）　　　5．について述べる（410）

2.　6．supposed／to（382）　　7．prefer／to（384）　　8．cheer／up（385）

　　9．suffer（386）　　10．refer／to（399）　　11．supply／with（400）

　　12．search／for（405）

3.　13．description（387）　　14．discourage ⇔ encourage（392）

　　15．proof（393）　　16．response（409）

4.　17．①（381）　　18．①（396）　　19．③（398）　　20．①（403）　　21．②（406）

5.　22．③（383）　　23．①（391）　　24．③（404）

6.　25．prevent him from sleeping（388）　　26．mistake salt for sugar（390）

　　27．compare Japan with China（397）　　28．destroy forests（402）

　　29．draw a map（407）　　30．refuse to give up hope（408）

PLUS

　1．①　「あなたが大統領だとしたら何をしますか」

　　　★ suppose（that）＋ S V で if ＋ S V と同じように仮定の意味を表す。（382）

　2．④　★① regárd（377）　② refér（399）　③ prefér（384）　④ súffer（386）

　　　④だけが第１音節にアクセントがある。

15 *Fundamental Stage*　No. 411～440

1.　1．を認める（413）　　　2．を反映する（414）　　　3．を養う（425）
4．を明らかにする（428）

2.　5．judge ／ by（411）　　6．belongs ／ to（422）　　7．aim ／ at（432）
8．afford ／ to（435）

3.　9．survival（417）　　　10．stand for（418）　　　11．take the place of（427）
12．various ／ varied（438）

4.　13．① （415）　　14．② （421）　　15．② （423）　　16．② （434）　　17．③ （436）
18．② （439）

5.　19．② （412）　　20．② （419）　　21．④ （424）　　22．④ （430）　　23．① （431）
24．② （433）

6.　25．a very boring movie（416）　　　26．take freedom for granted（420）
27．escape from reality（426）　　　28．Japan is surrounded by the sea.（429）
29．graduate from high school（437）　　　30．insist on going to France（440）

1．②　「私たちはこの計画がすぐに実行されることを要求した」
　　★ insist が「～を要求する」という意味を持つときは that 節の動詞は原形か should
　　＋ V になる。（440）

2．③　「いつも家にいる人はすべてにうんざりする」
　　★ be fed up with A「A にうんざりしている」は be tired of A に近い意味。この問い
　　のように get fed up with A になると「A にうんざりする」の意味になる。（425）

『システム英単語 Basic〈5訂版〉』p. 127～133　　問題冊子 p. 38

16 **Fundamental Stage** No. 441～470

1 Starting
2 Fundamental
3 Essential
4 多義語

1. 1．に匹敵する（446）　　2．を傷つける（458）　　3．に感嘆する（464）

4．を保護する（467）

2. 5．remind ／ of（442）　　6．focus ／ on（447）　　7．associated ／ with（450）

8．rely ／ on（454）　　9．blame ／ for（461）　　10．consists ／ of（462）

11．disappointed ／ with（465）

3. 12．look into ／ go into ／ go over（441）

13．conviction（449）　　14．attractive（453）　　15．extent（460）

4. 16．②（445）　　17．①（451）　　18．②（456）　　19．②（459）　　20．①（469）

5. 21．④（444）　　22．①（452）　　23．③（457）　　24．④（466）　　25．④（470）

6. 26．contribute to world peace（443）　　27．reject the proposal（448）

28．regret leaving home（455）　　29．persuade them to go back（463）

30．struggle to get free（468）

PLUS

1．③　「彼らは30日の月10個で構成される暦を持っていたと言われる」

　★ A consist of B ＝ A be made up of B「A が B で構成されている」（462）

　★この問題では consisting of B の形で名詞を修飾している。made は過去分詞なの
　　で名詞を修飾できる。

2．「CO₂ は地球温暖化の一因だ」

　★このように contribute to が悪いことに対して使われるときは「～の一因［原因］
　　となる」と訳すといい。（443）

18

Fundamental Stage　No. 471～500

1.　1．に出会う（475）　　2．を組み合わせる（482）　　3．を修理する（484）
　　　4．驚異的な（490）

2.　5．engage／in（472）　6．amuse（476）　　7．concentrate／on（478）
　　　8．Pardon（486）　　9．release／from（492）　10．suspect（495）
　　　11．located／in（498）

3.　12．export⇔import（487）　13．remarkable（488）　　14．recovery（494）
　　　15．delivery（496）

4.　16．③（480）　　17．①（481）　　18．①（499）

5.　19．②（471）　　20．①（473）　　21．③（474）　　22．①（485）　　23．④（491）
　　　24．②（500）

6.　25．Sorry to bother you, but ...（477）　　26．adapt to a new culture（479）
　　　27．delay his arrival（483）　　28．reserve a room at a hotel（489）
　　　29．rent an apartment（493）　　30．identify people by their eyes（497）

(1)　②
　　　チャーリー「よかったら皿洗いはぼくがやるよ」
　　　　　ジーン「（　　　　）あとで自分でできるから」
　　★ don't bother は「わざわざしてくれなくてもいいよ」の意。（477）
(2)　①　「ひどい雪なので彼女が間に合うかどうかわからない」
　　★ suspect that＋SVは「SがVするだろうと思う」，doubt if＋SVは「SがVするかどうか疑問だ」の意味。（495）

『システム英単語 Basic〈5訂版〉』 p. 139〜145　問題冊子 p. 42

1　Starting

2　Fundamental

3　Essential

4　多義語

18 *Fundamental Stage* No. 501〜530

1.　1．に気づく（505）　　2．を広げる（515）　　3．価値（529）

2.　4．exposed／to（502）　5．translate／into（503）　6．cure／of（504）

7．adjust／to（506）　8．assist（508）　9．embarrassed（512）

10．approve／of（513）　11．weigh（514）　12．decorated／with（520）

13．forgive／for（521）　14．seated（522）

3.　15．②（501）　16．②（511）　17．③（527）

4.　18．①（507）　19．③（517）　20．①（519）　21．②（524）　22．①（526）

23．③（530）

5.　24．凍った小川（509）

6.　25．spoil the party（510）　　　26．participate in the meeting（516）

27．I owe my success to you.（518）　28．be injured in the accident（523）

29．the result of the test（525）　　30．a water wheel（528）

PLUS

1．②　「彼女は死ぬ前の週，テニスの試合に参加した」

★ take part in A ＝ participate in A「A に参加する」（516）

2．(1)　④　「その試合は延長のすえ，ゴールなしの引き分けに終わった」

★ A result in B「A〈原因・プロセス〉が B という結果になる」＝ B result from A「B が A から生じる」（525）

(2)　②　「あなたのきわめて貴重な助けがなかったら，私は太平洋横断に失敗していたでしょう」

★ invaluable は「価値を決められないほど価値がある」という意味。valueless は「無価値な」。（529）

19 *Fundamental Stage* No. 531 ～ 560

1. 　1．きざし（535）　　　　2．物質（539）　　　　3．工業（540）

　　　4．一節（546）　　　　　5．役人（550）　　　　6．外見（558）

2. 　7．influence ／ on（532）　　8．fee（533）　　　　9．at ／ rate（534）

　　10．progress ／ in（543）　　11．appointment ／ with（554）

3. 　12．impatient ⇔ patient 名（555）　　　13．beneficial（560）

4. 　14．①（531）　　15．①（538）　　16．③（542）　　17．②（545）　　18．③（548）

　　19．①（552）　　20．③（553）　　21．②（556）

5. 　22．②（536）　　23．③（541）　　24．④（544）　　25．①（551）

6. 　26．advances in technology（537）　　27．the market economy（547）

　　28．use public transportation（549）　　29．Would you do me a favor?（557）

　　30．run the risk of losing money（559）

PLUS

1．③　「穀物の需要が増えると推定される」（556）

2．(1)　③　★ ask a favor of A「A に頼みごとをする」（557）

　(2)　①　「昨日の朝シゲルはひどい歯痛を感じたので，歯科医に午後の予約をした」

　　★ appointment（554）は人と会う約束のことで，診察の予約などにも使う。promise は何かをするという約束で，医者の予約などには用いない。reservation はホテルやレストランや電車などの予約に使う。

　(3)　②　「入場料はとても高いが，彼はその展示を見たいと思っている」

　　★ fee（533）は授業料，入場料など。fare「運賃」（1388），wage「賃金」（1286）。

⑳ *Fundamental Stage* No. 561～590

1.　1．住民（561）　　　2．親戚（562）　　　3．原則（568）

　　4．現場（571）　　　5．手段（574）　　　6．喜び（587）

　　7．砂漠（588）　　　8．経歴（589）

2.　9．twins（566）　　10．on ／ occasions（567）　11．jams（572）

　　12．quarter（580）　　13．furniture（581）　　14．reward ／ for（585）

　　15．trend ／ toward（590）

3.　16．massive（575）　　　17．elementary（577）　　18．secure（586）

4.　19．②（563）　　20．③（564）　　21．①（570）　　22．②（573）　　23．②（583）

5.　24．①（569）　　25．④（579）

6.　26．feel a sharp pain（565）　　　27．gather a large audience（576）

　　28．global climate change（578）　　29．the human brain（582）

　　30．private property（584）

　1．③　　★ dessert のみ [z] と発音する。他は [s]。ss を [z] と発音するものは少ない。

　2．①　「私たちのアパートには家具が多すぎる」

　　　★ furniture は不可算名詞なので, many を付けられないし, 複数形にもならない。（581）

Fundamental Stage　No. 591〜620

1.　1．交流（594）　　　　2．肉体の（614）　　　　3．明白な（619）

2.　4．impact／on（592）　　5．alternative／to（595）　　6．likely／to（606）

　　　7．available／to（609）　　8．familiar／with（613）　　9．involved／in（616）

3.　10．ability = **capacity**（598）　　　11．voluntary（600）

　　　12．quality（756）⇔ **quantity**（602）　　13．smooth ⇔ **rough**（605）

　　　14．public ⇔ **private**（618）

4.　15．③（591）　　16．②（607）　　17．①（608）

5.　18．②（593）　　19．②（597）　　20．②（599）　　21．③（603）

　　　22．④（612）　　23．①（617）　　24．③（620）

6.　25．do no harm to children（596）　　26．have access to the Internet（601）

　　　27．a common language（604）　　28．bilingual children（610）

　　　29．I am ready to start.（611）　　30．The book is worth reading.（615）

---

(1)　③　「これらのふたつの植物はほとんどすべての点でちがう。ただひとつ共通
　　　している特徴はかわいた土が必要だということだ」

　　★ **have A in common** 「A を共有している」（604）

(2)　③　「マーガレットはすべての授業が好きだったが，特に音楽の授業が楽し
　　　かった」

　　★ **in particular** 「特に」（608）

(3)　②　「彼の医者としての評判は私たちによく知られている」

　　★ **A be familiar with B** 「A が B をよく知っている」＝ **B be familiar to A** 「B が A に
　　よく知られている」（613）

22 *Fundamental Stage* No. 621～650

1. 1．適切な (625)　　2．化学的な (632)　　3．特定の (636)

4．理にかなった (642)　　5．道徳的な (647)　　6．悪い (650)

2. 7．capable ／ of (626)　　8．independent ／ of (627) 9．superior ／ to (638)

3. 10．female ⇔ male (624)　　11．negative (646) ⇔ positive (628)

12．pleasure (629)　　13．following ⇔ previous (634)

14．efficiency (639)

4. 15．③ (621)　　16．② (630)　　17．② (633)　　18．③ (635)　　19．① (643)

20．② (644)　　21．③ (649)

5. 22．④ (623)　　23．② (637)　　24．① (641)　　25．③ (646)　　26．① (648)

6. 27．I'm willing to pay for good food. (622) 28．the former president (631)

29．fundamental human rights (640)　　30．domestic violence (645)

PLUS

1．(1)　④　「彼が試験に受かったと聞いてうれしい」

★ joyful, delightful は「〈人が〉うれしい」の意味ではなく，「〈人を〉よろこばせる」の意味なので，ここにはあてはまらない。

(2)　③　「みんなが無事に帰ったのを知って私はうれしい」

★ pleasant (629) や delightful は「〈人を〉楽しませる」の意味なのでこの問いには不適。

2．(1)　①　★ [e] の音があるのは correct だけ。(612)

(2)　②　★下線部の発音は [ɑː]。(635)

23 *Fundamental Stage*　No. 651～680

1.　1．ぴったり（664）　　2．ひょっとすると（665）　　3．たまに（667）

2.　4．anxious ／ about（653）　5．legal（656）　　　6．curious ／ about（657）

　　7．senior（660）　　　　8．contrary ／ to（666）　9．throughout（671）

　　10．within ／ of（675）　11．ought ／ to（679）　12．in ／ spite ／ of（680）

3.　13．awaken（651）

4.　14．② （654）　　15．① （663）　　16．③ （676）　　17．① （677）

5.　18．① （652）　　19．① （661）　　20．② （662）　21．④ （670）　22．③ （672）

　　23．③ （673）　　24．④ （674）　　25．② （678）

6.　26．nuclear energy（655）　　　27．civil rights（658）

　　28．according to a recent study（659）　　29．Somehow I feel lonely.（668）

　　30．I seldom see him.（669）

　④　★下線部の発音は [ʌf]。（304）

24 *Fundamental Stage*　No. 681〜710

1.　1．を生産する（684）　　2．を表現する（686）　　3．を決定する（692）

　　　4．を含んでいる（694）　　5．を達成する（701）　　6．異なる（707）

2.　7．add ／ to（687）　　8．protect ／ from（690）　　9．enable ／ to（702）

　　　10．divide ／ into（705）　　11．annoys（706）

3.　12．explanation（682）　　13．reject（448）／ refuse（408）⇔ **accept**（683）

　　　14．solution（693）　　15．satisfaction（699）　　16．complaint（700）

4.　17．③（696）　　18．①（704）　　19．②（708）

5.　20．①（691）　　21．④（697）　　22．③（703）

6.　23．本当かどうかわからない（681）

7.　24．Does God really exist?（685）　　25．avoid making mistakes（688）

　　　26．marry Mary（689）　　27．discuss the problem with him（695）

　　　28．exchange yen for dollars（698）　　29．borrow a book from a friend（709）

　　　30．invent a time machine（710）

PLUS

　1．①
　　★ explain〈人〉to V は不可。Mary explained <u>to</u> her sister how to clean the window. と
　　すれば OK。（332）他の動詞は V +〈人〉+ to V とできる。
　　★ leave A to V「A に V させておく」，persuade A to V「A に V するよう説得する」，
　　tell A to V「A に V するように言う」，want A to V「A に V してほしい」。

　2．④　★① expréss（336）　② displáy（124）　③ refér（49）　④ fóllow（1）
　　　　④だけ第 1 音節にアクセントがある。

　3．③　「私たちは大気汚染について話をした」
　　　★ discuss <u>about</u> A は不可。（345）

Fundamental Stage　No. 711〜740

1.　1．を勧める（715）　　2．に対処する（722）　　3．に打ち勝つ（726）

　　4．を吸収する（734）　　5．を発表する（740）

2.　6．advise ／ to（712）　　7．retire ／ from（713）　　8．apologize ／ for（716）

　　9．inform ／ of（717）　　10．praise ／ for（721）　　11．criticize ／ for（725）

　　12．compete ／ for（738）

3.　13．permission（714）　　14．resemblance（735）

　　15．consumption（737）

4.　16．①（711）　　17．②（719）　　18．①（720）　　19．①（730）　　20．①（731）

　　21．②（733）　　22．③（739）

5.　23．④（718）　　24．③（723）　　25．②（727）　　26．③（732）　　27．④（736）

6.　28．breathe fresh air（724）　　　　29．predict the future（728）

　　30．publish a book（729）

（1）　①　「あなたは，彼が彼の父親に似ていると思いますか」

　　★ resemble は状態動詞なので進行形にならない。また他動詞なので前置詞は不要。

(735)

（2）　②　「彼は来週，別の会議を行うことを提案した」

　　★ propose は that 節に原形 V または should V をとる。(723)

『システム英単語 Basic〈5訂版〉』p. 186〜191　　問題冊子 p. 58

26 *Fundamental Stage*　No.741〜770

1.　1．歩き回る（742）　　2．不足（754）　　3．炭素（764）

　4．形（765）　　5．習慣（768）　　6．細部（769）

2.　7．for ／ purposes（752）　8．attitude ／ toward（759）9．opportunity ／ to（762）

3.　10．behave（753）　　11．disadvantage ⇔ advantage（766）

　12．distant（770）

4.　13．②（747）　14．①（748）　15．②（755）　16．②（756）　17．①（761）

　18．③（767）

5.　19．①（741）　20．③（743）　21．④（745）　22．③（750）　23．①（760）

　24．③（763）

6.　25．generate electricity（744）　　26．the Japanese government（746）

　27．make an effort to help him（749）　28．population growth（751）

　29．the natural environment（757）　　30．play an important role（758）

---

　(1)　②　「彼は彼女の親切につけこんだ」

　　　★ take advantage of A「Aを利用する」はこのように悪い意味で使うことがある。(766)

　(2)　①　「多くのアメリカ人は野生生物のことを心配しており，捕鯨を禁止するの
　　　　　に，積極的な役割を果たしている」

　　　★ play a role in A [Ving]「A [Ving] で役割を果たす」（758）

27 *Fundamental Stage* No. 771〜800

1. 1．例（772）　　　2．実験（778）　　　3．10年（780）

4．組織（789）　　5．対比（792）　　6．動物（796）

2. 7．responsibility／for（777）　8．athlete（779）　9．charity（800）

3. 10．crowded（771）

4. 11．①（773）　　12．②（781）　　13．②（785）　　14．①（786）　　15．②（788）

16．②（795）　　17．③（797）　　18．②（798）

5. 19．③（775）　　20．④（776）　　21．②（782）　　22．①（784）　　23．②（790）

24．②（793）　　25．④（794）

★19．③ task は可算名詞なので a が付く。① labor も④ work も「仕事」の意味では不可算
名詞だから a は付かない。

6. 26．the standard of living（774）　　27．the theory of relativity（783）

28．the surface of the earth（787）　　29．natural resources（791）

30．lose weight（799）

1．②　★oo を [ʌ] と発音するのは flood と blood だけ。（793）

2．④　★by [in] contrast「これに対して，対照的に」（792）

(28) *Fundamental Stage*　No. 801 〜 830

1. 1．市民 (801)　　　　2．設備 (813)　　　　3．見知らぬ人 (814)

4．もうけ (822)　　　　5．地位 (829)　　　　6．若者 (830)

2. 7．impression ／ on (802)　8．site (805)

3. 9．violent (807)　　　10．minority ⇔ **majority** (810)　11．originate (811)

12．wealthy (820)　　　13．horrible (826)

4. 14．③ (803)　　15．② (809)　　16．③ (812)　　17．② (815)　　18．③ (816)

19．② (817)　　20．① (818)　　21．② (821)

5. 22．① (804)　　23．④ (823)　　24．① (824)

6. 25．train passengers (806)　　　26．low-income families (808)

27．environmental pollution (819)　　28．a natural phenomenon (825)

29．climb a ladder (827)　　　30．8 billion people (828)

PLUS

1．④　A「すみませんが，郵便局はどちらでしょうか」

B「すみませんが，（　　　），なのでわかりません」

★ I'm a stranger around here. は「この辺はよく知らないんです」の意味。(814)

2．Jupiter「木星」，Mercury「水星」，Saturn「土星」，Mars「火星」，Venus
「金星」(816)

『システム英単語 Basic〈5訂版〉』p. 199〜202　　問題冊子 p. 64

(29) *Fundamental Stage*　No. 831〜860

1.　1．調査（835）　　　　2．指示（840）　　　　3．道具（842）

4．小川（848）　　　　5．土壌（854）

2.　6．confidence／in（831）　　7．under／construction（838）

8．lecture／on（839）　　9．path／to（846）　　10．crime（856）

3.　11．critical（841）　　　12．devise（845）

13．descendant ⇔ ancestor（853）　　14．analyze（859）　　15．universal（860）

4.　16．①（834）　　17．②（843）　　18．③（844）　　19．③（855）

5.　20．①（832）　　21．②（836）　　22．④（849）　　23．④（850）　　24．②（857）

25．②（858）

6.　26．household goods（833）　　　27．a natural enemy（837）

28．predict earthquakes（847）　　　29．victims of the war（851）

30．run out of fuel（852）

PLUS

1．②　★① análysis（859）　② áncestor（853）　③ consíder（352）　④ contínue（358）

ancestor は第1音節にアクセントがある。他は第2音節。

2．②　「大学に行くことが私に1人で働く自信を与えてくれた」

★ confidence「自信」（831）。①「他人に対する友情の感情」，②「自分を信じる気持ち」，

③「他人に対する信頼」，④「秘かな感情」。

(30) *Fundamental Stage*　No. 861〜890

1.　1．幼児（870）　　2．細胞（872）　　3．広告（874）

4．政治的な（883）　　5．医学の（886）

2.　6．electricity（861）　　7．plenty／of（865）　　8．to／extent（875）

9．garbage（876）　　10．similar／to（879）　　11．aware／of（884）

12．essential／to（887）

3.　13．evident（868）　　14．variety（878）

15．incomplete ⇔ complate（880）　　16．expense（882）

4.　17．②（863）　　18．①（864）　　19．②（866）　　20．③（873）　　21．①（877）

22．①（888）

5.　23．③（862）　　24．③（869）　　25．②（871）　　26．①（881）　　27．①（889）

6.　28．the gene for eye color（867）　　29．ancient Greece and Rome（885）

30．practical English（890）

PLUS

(1)　③　「警察はダニーがお金を取ったと考えたが，それを立証する証拠がなかった」

★ evidence「証拠」（868），support「〜を裏付ける，立証する」

(2)　④　「環境のいかなる変化も普通嫌だと思うほどに，人間は怠惰な動物だと見なすことができるだろう」

★ to the extent that 〜「〜するほど」（875）

『システム英単語 Basic〈5訂版〉』p. 207 〜 211　　問題冊子 p. 68

 31 *Fundamental Stage*　No. 891〜920

1.　1．典型的な（895）　　　　2．適切な（898）　　　　3．急速な（900）

　　　4．正確な（915）　　　　5．原始的な（920）

2.　6．convenient ／ for（903）　　7．sensitive ／ to（911）　　8．thirsty（913）

　　　9．temporary（919）

3.　10．comfort（893）　　　　　　　　11．major ⇔ minor（894）

　　　12．physical（614）⇔ mental（901）　　13．excel（902）

　　　14．huge（888）／ vast（1470）= enormous（906）

　　　15．natural ⇔ artificial（908）　　　　16．intellect（912）

4.　17．③（896）　　18．①（909）　　19．①（916）　　20．③（917）

5.　21．②（891）　　22．②（897）　　23．②（905）　　24．②（910）　　25．④（918）

6.　26．my favorite food（892）　　　　27．an empty bottle（899）

　　　28．potential danger（904）　　　　29．a rare stamp（907）

　　　30．be polite to ladies（914）

PLUS

1．③　A「私は早く着きすぎじゃないといいんですが」

　　　B「全然早くないです。入って楽にしてください」

　★ Make yourself at home. = Make yourself comfortable.「くつろいでください」（893）

2．①　「今夜7時に映画に行くのはあなたに都合がいいですか」

　★「人にとって都合がいい」という意味を表すとき，convenient は人を主語にしない

　　ので②と④はだめ。（903）

3．②　「彼は競争で負けることにとても敏感だから，それについては言わないで」

　★① sensible「分別のある」，② sensitive「敏感な, 傷つきやすい」（911），③ sensual「肉

　　体の」，④ sensational「衝撃的な」。

㉜ *Fundamental Stage* No. 921〜950

1.　1．最新の（926）　　　2．ばかな（930）　　　3．すぐに（934）

　　4．しばしば（936）

2.　5．temporary（919）⇔ permanent（921）　　6．liquid ⇔ solid（929）

　　7．at last ／ in the end（935）　　8．mainly ／ chiefly = largely（945）

3.　9．①（932）　10．②（940）　11．①（941）　12．③（942）　13．①（943）

　　14．③（946）　15．②（947）　16．①（949）

4.　17．②（922）　18．①（927）　19．④（937）　20．①（938）　21．②（944）

　　22．①（948）　23．②（950）

5.　24．severe winter weather（923）　　25．a brief explanation（924）

　　26．a mobile society（925）　　　27．strict rules（928）

　　28．biological weapons（931）　　29．I hardly know Bill.（933）

　　30．instantly recognizable songs（939）

PLUS

④　「ベッドでの喫煙を禁止する大変厳しい規則がある」

　★ strict は「〈規則・命令など〉が厳しい，〈人が子どもなどに対して〉厳格な」（928），
　　 severe は「〈天候などが〉厳しい，〈病状などが〉重い」の意味。

33 *Essential Stage*　No. 951〜980

1.　1．accompany（959）　　2．attached／to（966）　　3．reverse（967）
　　4．composed／of（969）　　5．substitute／for（971）　　6．arrest／for（976）
　　7．depressed（980）

2.　8．obedient（956）　　　　9．stimulus（977）

3.　10．②（953）　　11．①（972）　　12．③（973）

4.　13．③（954）　　14．①（955）　　15．②（958）　　16．①（962）　　17．③（974）
　　18．③（978）

5.　19．ドライバーの安全を確保する（952）　　20．きっと君は勝つと思う（963）
　　21．彼の人生を破滅させる（964）　　22．この例が彼の能力を示す（975）

6.　23．proceed straight ahead（951）　　24．eliminate the need for paper（957）
　　25．commit a crime（960）　　26．pursue the American Dream（961）
　　27．threaten to tell the police（965）　　28．restrict freedom of speech（968）
　　29．lean against the wall（970）　　30．consult a doctor for advice（979）

PLUS

　1．③　★ illustrate [íləstreit]（975）　① interpret [intə́ːァprit]（953）
　　　　② interrupt 動 [intərʌ́pt]（973）　③ substitute [sʌ́bstətʲuːt]（971）
　2．④　「座って話をすることは，お互いの理解を確かなものにするだろう」
　　　　①「争ったり，論争する」　②「だますために何かを変える」
　　　　③「何かの質を向上させる」　④「何かを確実に生じるようにする」
　　　　★ ensure「〜を確実にする」（952）

『システム英単語 Basic〈5訂版〉』 p. 223 ～ 228　　問題冊子 p. 74

(34) *Essential Stage* No. 981～1010

1.　1．を無視する（1008）

2.　2．crash／into（981）　　3．specialize／in（983）　　4．transmit（986）
　　5．Clap（988）　　6．burst／into（989）　　7．dismiss／as（991）
　　8．prohibit／from（993）　　9．qualify／for（995）　　10．overlook（999）
　　11．accuse／of（1000）　　12．corresponds／to（1005）　　13．attribute／to（1007）

3.　14．establish（395）＝ found（987）

4.　15．②（982）　　16．③（992）　　17．②（996）

5.　18．④（984）　　19．④（990）　　20．①（994）　　21．③（997）　　22．④（1001）
　　23．④（1003）

6.　24．建物が崩壊した（998）　　　　25．新車を登録する（1004）
　　26．壁に影を投げかける（1006）　　27．意見の不一致を解決する（1010）

7.　28．fulfill the promise（985）　　29．deprive him of the chance（1002）
　　30．feed starving children（1009）

PLUS

(1)　②　「今回は君の誤りを見逃そう」
　　① constitute「～を構成する」　③ persecute「～を迫害する」　④ provide「～を与える」
　　★ overlook「～を見逃す」（999）

(2)　④　「大学では何を専攻する予定ですか」
　　① improve「～を改善する」　② lecture「講義（する）」　③ listen to「～を聞く」
　　★ major in A ＝ specialize in A「A を専攻する」（983）

35 **Essential Stage** No. 1011～1040

1. 1. を意味する（1016）

2. 2. impose ／ on（1011）　　3. convert ／ into（1012）　　4. appointed ／ to（1015）

5. assign ／ to（1017）　　6. split（1025）　　7. resort ／ to（1026）

8. equipped ／ with（1030）9. devoted ／ to（1033）

3. 10. pronunciation（1029）

4. 11. ②（1013）　　12. ②（1014）　　13. ①（1018）　　14. ②（1019）　　15. ③（1020）

16. ①（1027）　　17. ①（1031）　　18. ①（1035）

5. 19. ②（1021）　　20. ②（1022）　　21. ④（1024）　　22. ③（1032）　　23. ④（1036）

24. ③（1040）

6. 25. 仕事を引き受ける（1023）　　　　26. いらいらさせる騒音（1028）

27. 彼に話をするよう促す（1038）

7. 28. Time heals all wounds.（1034）　　29. chase the car（1037）

30. withdraw my hand（1039）

③ 「私は財布を奪われた」

★ rob〈人〉of A「〈人〉から A を奪う」→〈人〉be robbed of A（1021）

steal A from〈人〉→ A be stolen from〈人〉（×〈人〉be stolen）

Essential Stage　No. 1041〜1070

1. 1. 冗談を言う（1042）

2. 2. interfere ／ with（1041）　3. infected ／ with（1048）　4. stem ／ from（1049）
5. proportion ／ to（1052）　6. contract ／ with（1053）　7. democracy（1060）
8. emergency（1061）　9. protest ／ against（1062）　10. immigrants（1063）
11. at ／ dawn（1069）

3. 12. ②（1043）　13. ③（1050）　14. ①（1065）

4. 15. ②（1046）　16. ②（1047）　17. ④（1054）　18. ②（1059）　19. ④（1064）
20. ④（1066）　21. ④（1067）

5. 22. 創造性を養う（1045）　　　23. 新しい考えを受け入れる（1051）
24. 公共施設（1057）

6. 25. an endangered species（1044）　26. discover treasure（1055）
27. the Tokyo stock market（1056）　28. a large sum of money（1058）
29. your online profile（1068）　30. social welfare（1070）

PLUS
1. It is no use crying over spilt milk.（1047）
2. ⑤ 「数学の授業における男子と女子の割合はどれくらいですか」（1052）
　①「場所」　②「数」　③「大きさ」　④「量」　⑤「割合」

38

『システム英単語 Basic〈5訂版〉』p. 240 ～ 245　　問題冊子 p. 80

Essential Stage　No.1071～1100

1.　1．文脈 (1088)

2.　2．from ／ perspective (1071)　3．enthusiasm ／ for (1072)　4．equivalent ／ to (1077)

　　5．shelter ／ from (1080)　　6．statistics (1086)　　　　7．prejudice (1092)

　　8．strain ／ on (1093)　　　9．at ／ height (1100)

3.　10.　② (1079)　　11.　③ (1082)　　12.　② (1085)　　13.　② (1089)　　14.　③ (1094)

　　15.　③ (1098)　　16.　② (1099)

4.　17.　④ (1075)　　18.　④ (1078)　　19.　④ (1083)　　20.　④ (1091)　　21.　① (1095)

　　22.　④ (1097)

5.　23.　技術を信頼する (1073)　　　　24.　給料のよい職業 (1074)

　　25.　デンマーク王国 (1076)　　　　26.　窓わく (1084)

　　27.　民間企業 (1087)　　　　　　　28.　世界の穀物生産高 (1090)

6.　29.　trial and error (1081)　　　　30.　a black slave (1096)

　1．(1)　②　　(2)　①

　　★(1) **en-thu-si-asm** [inθjúːziæzm] (1072)　(2) **en-ter-prise** [éntərpraiz] (1087)

　2．(1)　①　★ **height** [háit] (1100)　① **horizon** [həráizn] (1106)　② **meat** [míːt]

　　　　③ **receive** [risíːv]　④ **weight** [wéit] (799)

　　(2)　④　★ **wound**「傷」[wúːnd] (1097)　① **bough** [báu]「大枝」　② **doubt** [dáut]

　　　　③ **though** [ðóu]　④ **through** [θrúː]

『システム英単語 Basic〈5訂版〉』p. 245 〜 250   問題冊子 p. 82

38 *Essential Stage* No.1101〜1130

1. 　1．parallel（1105）　　2．on ／ horizon（1106）　　3．burden ／ on（1108）

　　4．venture（1116）　　5．mission（1117）　　　6．output（1126）

2. 　7．②（1115）　　8．②（1118）　　9．②（1119）　　10．②（1122）　　11．③（1124）

3. 　12．③（1103）　　13．④（1104）　　14．①（1107）　　15．①（1109）　　16．①（1112）

　　17．②（1120）　　18．③（1121）　　19．①（1123）　　20．①（1125）　　21．③（1127）

　　22．③（1129）　　23．②（1130）

4. 　24．理学部（1101）　　　　　　　　25．魅力にあふれた都市（1113）

　　26．感覚器官（1114）　　　　　　　27．社会の慣習に従う（1128）

5. 　28．the average life span（1102）　　29．poison gas（1110）

　　30．the Constitution of Japan（1111）

PLUS

　① 「その弁護士はたくさんの依頼人を持たない」

　★ client「（弁護士などの）依頼人」（1125），customer「（商店などの）客」（545），

　 consumer「消費者」，guest「招待客，ホテルの客」

39 *Essential Stage* No. 1131～1160

1.　1．core ／ of（1131）　　2．frontier（1133）　　3．guilty（1142）

　　4．accustomed ／ to（1147）　　　　　　　5．keen ／ to（1150）

　　6．delicate（1152）　　7．exhausted（1158）

2.　8．constant = **steady**（1148）　　9．immature ⇔ **mature**（1155）

　　10．abstract（1484）⇔ **concrete**（1156）

3.　11．③（1132）　12．③（1134）　13．②（1139）　14．①（1143）　15．①（1145）

　　16．①（1149）　17．③（1157）

4.　18．②（1135）　19．④（1140）　20．①（1144）　21．③（1151）　22．①（1154）

　　23．①（1159）

5.　24．宇宙の無重力状態（1137）　　　25．医学の倫理の問題（1138）

　　26．内科（1153）

6.　27．people with disabilities（1136）　　28．child abuse（1141）

　　29．his annual income（1146）　　30．tight jeans（1160）

1．(1)　③の exhaust（1158）だけが [gz]，他は [ks] と発音する。

　　(2)　③　★① advise [ədváiz]（712）② choose [tʃúːz] ③ loose [lúːs]（1151）

　　　　④ lose [lúːz]

2．④　「光陰矢のごとし。歳月人を待たず」（諺）

　　★ tide「潮流」（1140）

⓵⓪ *Essential Stage* No. 1161～1190

1.　1．sophisticated（1166）　　2．peculiar／to（1169）　　3．ethnic（1171）

4．relevant／to（1177）　　5．thrilled（1183）　　6．consistent／with（1185）

7．miserable（1188）　　8．fond／of（1190）

2.　9．maximum ⇔ minimum（1165）　　10．active ⇔ passive（1170）

11．guilty（1142）⇔ innocent（1174）

3.　12．②（1163）　　13．①（1167）　　14．②（1172）　　15．①（1176）　　16．②（1179）

17．③（1186）

4.　18．④（1162）　　19．①（1173）　　20．④（1178）　　21．②（1180）　　22．④（1182）

23．②（1184）　　24．④（1187）

5.　25．主要な原因（1161）　　　　26．親密な関係（1164）

27．苦い経験（1168）　　　　28．根本的な原因（1175）

29．必死の試み（1181）　　　　30．相当な数の人々（1189）

PLUS

①　「私たちは，私たちのところに来て一緒に住むよう彼を説得しようとしたが，
　無駄だった」

★ in vain「（結果として）無駄に」（1173）

42

Essential Stage No. 1191〜1220

1.　1．beneath（1201）　　　　　2．transform／into（1206）
　　3．distinguish／from（1209）　4．cope／with（1211）

2.　5．look into（1208）　　　　6．achieve／attain（1213）
　　7．stand／bear（1215）

3.　8．① (1193)　　9．① (1194)　　10．① (1197)　　11．② (1199)　　12．① (1204)
　　13．② (1212)　14．③ (1214)　15．② (1216)

4.　16．② (1195)　17．① (1196)　18．④ (1198)　19．③ (1200)　20．③ (1202)
　　21．① (1203)　22．① (1205)　23．④ (1210)　24．④ (1220)

5.　25．世界経済を支配する（1218）　　　26．ダーウィンの理論を裏づける（1219）

6.　27．True or false?（1191）　　　　28．a lazy student（1192）
　　29．defeat the champion（1207）　30．guarantee your success（1217）

④　「彼はわざと貧しくなるように決心した」
　★ deliberately ＝ on purpose「わざと，故意に」（1200）

43

42 *Essential Stage* No. 1221～1250

1. 1. defend／against（1222）2. glance／at（1227）　3. define／as（1233）
4. chat／with（1242）　　5. exceeds（1243）　　6. cooperate／with（1245）
7. inherit／from（1246）

2. 8. allow（362）／permit（714）⇔ forbid（1223）　　9. take in（1234）

3. 10. ①（1221）　11. ①（1225）　12. ①（1231）　13. ②（1235）　14. ②（1237）
15. ①（1238）　16. ②（1248）　17. ②（1249）

4. 18. ③（1228）　19. ①（1232）　20. ④（1236）　21. ②（1240）　22. ②（1247）

5. 23. 生でコンサートを放送する（1224）　　24. 生活の質を向上させる（1241）

6. 25. punish him for the crime（1226）　26. calculate the cost（1229）
27. leave a sinking ship（1230）　28. regulate traffic（1239）
29. wipe the table（1244）　　30. conquer the world（1250）

PLUS

1. ①　★① distribute [distríbjuːt]（1240）② entertain [entərtéin]（1221）
③ guarantee [gærəntíː]（1217）　④ interfere [intərfíər]（1041）
2. ①[iː]　deceive [disíːv]（1234）
★① evening [iː]　② instead [e]　③ sweat [e]「汗」（1455）　④ radio [ei]
3. ②　「私たちが満足のいく関係を維持できる可能性は，打ち明けることと秘密にすることの間にいつどこで線を引くべきか知っているかどうか次第であることが多い」
★ sustain「～を維持する」（1236）。① establish「～を設立する」，② maintain「～を維持する」，③ terminate「～を終わらせる」，④ finish「～を終える」。

44

Essential Stage　No. 1251〜1280

1.　1．derives／from（1258）　2．classify／as（1263）　3．fold（1266）

　　4．stare／at（1270）　　5．laboratory（1277）　　6．conference（1278）

　　7．continent（1279）

2.　8．stare（1270）= **gaze**（1260）　　9．emphasis（1271）

3.　10．③（1254）　　11．③（1256）　　12．③（1257）　　13．③（1259）　　14．②（1264）

　　15．②（1273）　　16．②（1275）

4.　17．④（1251）　　18．④（1252）　　19．④（1255）　　20．②（1265）　　21．③（1274）

5.　22．床を掃く（1267）　　　　　　23．人間の行動をまねる（1269）

　　24．罰を受けて当然だ（1276）　　25．国民健康保険（1280）

6.　26．modify the plan（1253）　　27．pray for a sick child（1261）

　　28．polish the shoes（1262）　　29．whisper in her ear（1268）

　　30．get rid of stress（1272）

PLUS

　1．④　「彼は自分の部屋の雑誌を全部処分する決心をした」

　　★ **get rid of A**「A を処分する」（1272）。① tear「〜を引き裂く」，② classify「〜を分類する」，③ submit「〜を提出する」，④ discard「〜を捨てる」。

　2．②　「ジェーンは非常によく働いてきたのだから，長い休暇を取って当然だと思う」

　　★① conserve「〜を保護する」，② deserve「（…して）当然だ」（1276），③ reserve「〜を予約する」，④ preserve「〜を保存する」。

44 *Essential Stage*　No. 1281～1310

1 Starting

1.　1．crew（1281）　　　2．poverty（1282）　　　3．exception／to（1285）
　　4．disputes（1302）

2.　5．vice ⇔ virtue（1294）　　6．encourage（1295）

2 Fundamental

3.　7．② （1287）　　8．① （1291）　　9．② （1293）　　10．③ （1299）　　11．② （1303）

4.　12．④ （1286）　　13．④ （1288）　　14．③ （1292）　　15．④ （1296）　　16．③ （1301）
　　17．① （1307）

3 Essential

5.　18．言葉の壁（1290）　　　　　　19．労働組合（1297）
　　20．人類の歴史（1304）　　　　　21．風景画（1306）
　　22．おとぎ話をする（1308）　　　23．筋肉と骨（1310）

6.　24．water shortage（1283）　　　25．international affairs（1284）
　　26．human evolution（1289）　　　27．Western civilization（1298）
　　28．cherry blossoms（1300）　　　29．mass murder（1305）
　　30．political reform（1309）

4 多義語

PLUS

1．(1) ①　　(2) ①
　　★(1) **barrier** [bǽriər]（1290）　(2) **volume** [válju(ː)m]（1299）
2．③　「彼女は一生懸命働くことで，その地位を勝ち得た」
　　★ **by virtue of A** = because of A 「A の理由で，A によって」（1294）

45 *Essential Stage* No. 1311〜1340

1. 1．prospects (1311)　　2．quarrel ／ with (1314)　3．aspects ／ of (1316)

4．pause (1317)　　5．conflict ／ between (1318)　6．layer (1325)

7．clue ／ to (1326)　　8．under ／ circumstances (1327)

2. 9．demerit ⇔ merit (1324)　10．jail = prison (1329)

3. 11．① (1312)　　12．① (1322)　　13．① (1323)　　14．③ (1330)　　15．② (1333)

16．① (1337)　　17．① (1340)

4. 18．① (1313)　　19．③ (1321)　　20．④ (1328)　　21．④ (1331)　　22．③ (1332)

23．③ (1336)　　24．④ (1339)

5. 25．知的職業 (1315)　　　　　　26．白人の特権 (1319)

27．太陽光線 (1334)

6. 28．economic prosperity (1320)　　29．go to heaven (1335)

30．lack of funds (1338)

③　★① fever [fíːvər] (782)　② genius [dʒíːnjəs] (1321)　③ merit [mérit] (1324)

④ theme [θíːm] (1339)

46 *Essential Stage*　No. 1341～1370

1.　1．ambition ／ to （1341）　　2．affection ／ for （1348）　　3．candidate ／ for （1349）
　　4．obstacle ／ to （1352）　　5．campaign ／ to （1357）　　6．insight ／ into （1360）
　　7．inhabitants ／ of （1365）

2.　8．laborious （1344）

3.　9．③ （1347）　　10．③ （1350）　　11．③ （1351）　　12．② （1355）　　13．① （1359）
　　14．② （1361）　　15．② （1364）　　16．② （1368）　　17．③ （1369）

4.　18．④ （1343）　　19．① （1346）　　20．② （1362）　　21．③ （1363）　　22．④ （1367）

5.　23．国際オリンピック委員会 （1345）　　24．緊張を緩和する （1354）
　　25．防衛予算を削減する （1356）

6.　26．the weather forecast （1342）　　27．have no appetite （1353）
　　28．joy and sorrow （1358）　　29．burn fossil fuels （1366）
　　30．the Roman Empire （1370）

PLUS
　(1)　①　★① committee [kəmíti:] （1345）　② disagree [dìsəgrí:]
　　　　③ examinee [igzǽməní:]　④ guarantee [gærəntí:] （1217）
　　　普通，単語末の -ee にはアクセントがあるが，committee は例外。
　(2)　④　★① empire [émpaiər] （1370）　② instinct 名 [ínstiŋkt] （1368）
　　　　③ insult 名 [ínsʌlt] （1364）　④ insult 動 [insʌlt] （1364）

48

Essential Stage　No. 1371～1400

1.　1．がん（1374）

2.　2．suburbs（1371）　　3．architecture（1372）　　4．dozen（1376）
　　5．option（1382）　　6．mechanism（1384）　　7．fare（1388）
　　8．portion／of（1400）

3.　9．comedy = **tragedy**（1386）

4.　10．①（1377）　11．①（1380）　12．③（1385）　13．①（1387）　14．①（1390）
　　15．③（1392）　16．①（1395）　17．③（1396）

5.　18．④（1375）　19．②（1378）　20．④（1379）　21．②（1381）　22．②（1391）
　　23．③（1397）　24．①（1398）

6.　25．南半球（1383）　　　　　26．現代英語の語法（1393）
　　27．砂の城（1394）

7.　28．love and passion（1373）　　29．pay the debt（1389）
　　30．the population explosion（1399）

②　★① architecture [ɑ́ːrkitektʃər]（1372）　② channel [tʃǽnl]
　③ mechanism [mékənizm]（1384）　④ scheme [skíːm]（1363）

48 *Essential Stage* No. 1401〜1430

1. 1．heritage（1409）　　2．factor／in（1413）

3．discrimination／against（1414）　　　　4．priest（1417）

5．grocery（1421）　　6．astronomy（1424）　　7．findings（1427）

8．strategy（1428）

2. 9．gulf = bay（1407）　　10．variety = diversity（1410）

3. 11．①（1402）　12．①（1411）　13．①（1416）　14．②（1418）　15．③（1423）

16．①（1425）　17．①（1430）

4. 18．④（1403）　19．①（1404）　20．②（1415）　21．③（1420）　22．④（1422）

23．②（1426）

5. 24．海洋生物（1401）　　　　25．合衆国議会（1406）

26．人格の特徴（1419）

6. 27．protect wildlife（1405）　　28．the death penalty（1408）

29．history and geography（1412）　　30．his heart and lungs（1429）

1．②　★① bomb [bάm]（1350）　② combine [kəmbáin]（482）　③ debt [dét]（1389）
④ thumb [θʌ́m]（1411）　単語末の -mb の b は黙字（発音しない）。

2．②　★ thumb（1411）の u は [ʌ] なので，luxury [lʌ́gʒəri]（1336）が正解。

50

 Essential Stage No. 1431～1460

1. 1．outcome （1432）　　2．flavor （1438）　　3．nursing （1440）
4．surgery （1447）　　5．emissions （1452）

2. 6．③ （1434）　7．③ （1435）　8．③ （1439）　9．② （1441）　10．① （1444）
11．② （1454）　12．① （1456）　13．① （1459）

3. 14．④ （1436）　15．② （1437）　16．① （1442）　17．④ （1449）　18．④ （1450）
19．② （1455）　20．④ （1457）　21．③ （1458）　22．① （1460）

4. 23．宗教的な儀式 （1431）　　24．環境保護団体 （1433）
25．ニューヨーク市議会 （1445）　　26．猿と類人猿 （1453）

5. 27．bullying in schools （1443）　　28．age and gender （1446）
29．technological innovation （1448）　　30．prepare for natural disaster （1451）

 PLUS

1．③　★ species （1457），creature （796）はともに [iː] と発音する。

2．④　★① breathe [bríːð] （724）　② cease [síːs] （954）　③ creature [kríːtʃər] （796）
④ sweat [swét]「汗」（1455）　sweet [swíːt]「甘い」と間違えないように。

3．③　「ロンドンマラソンの結果は誰にも予言できないだろう」
★ outcome「結果」（1432）　① landlord「家主」　② liquid「液体」
④ timber「材木」

50 *Essential Stage* No. 1461 ~ 1490

1.　1．概念（1461）　　　　2．広まっている（1473）

2.　3．loyal ／ to（1464）　　　4．isolated ／ from（1465）　5．visible（1475）
　　6．ashamed ／ of（1487）

3.　7．unwilling = **reluctant**（1468）　　8．urban（918）⇔ **rural**（1472）
　　9．inadequate ⇔ **adequate**（1481）　　10．concrete（1156）⇔ **abstract**（1484）

4.　11．③（1466）　12．②（1469）　13．①（1470）　14．③（1477）　15．③（1479）
　　16．①（1483）　17．①（1486）　18．②（1489）

5.　19．④（1471）　20．③（1478）　21．④（1482）　22．④（1488）

6.　23．貴重な宝石（1463）　　　　24．いちじるしい対照（1480）
　　25．相互の理解（1485）

7.　26．You look pale.（1462）　　　27．tropical rain forests（1467）
　　28．a complicated problem（1474）　　29．eat raw meat（1476）
　　30．pure gold（1490）

PLUS

1．(1)　④　「ジェーンは自分のマナーの悪さをとても恥ずかしく思っているようだ」
　　★ be ashamed of A「〈人が〉A を恥ずかしく思う」, shameful「〈行為などが〉恥ずべき」（1487）
　　(2)　③　「彼の自転車の乗り方が不注意であったことを考慮すると，彼が事故に遭うことは避けられなかった」　★ inevitable「避けられない」（1489）

2．④　★① cómplicated（1474）　② cóncentrated（478）　③ ágriculture（866）
　　④ manufácture（499）　④以外は第1音節にアクセントがある。④は第3音節。

52

51 *Essential Stage* No. 1491～1520

1. 1．indifferent／to（1492）　　2．manual（1503）　　3．flexible（1512）

4．grateful／for（1513）　　5．abundant（1516）　　6．selfish（1517）

7．racial（1519）

2. 8．irrational ⇔ **rational**（1505）　　9．initiate（1506）

10．pessimistic ⇔ **optimistic**（1511）

3. 11．① （1491）　12．① （1493）　13．① （1495）　14．③ （1500）　15．③ （1507）

16．② （1508）　17．① （1515）　18．③ （1520）

4. 19．① （1494）　20．④ （1498）　21．③ （1501）　22．② （1504）　23．④ （1509）

24．③ （1514）

5. 25．深い意味（1497）　　　　　　　26．保守党（1499）

27．言葉によるコミュニケーション（1510）　　28．みにくいアヒルの子（1518）

6. 29．solar energy（1496）　　　　30．alcoholic drinks like wine（1502）

---

(1)　③　「私は援助に対して彼に感謝しています」

★ be grateful to〈人〉for A「A のことで〈人〉に感謝している」（1513）

(2)　②　「トニーは私の考えに無関心であるようだった」

★ be indifferent to A「A に無関心である」（1492）

『システム英単語 Basic〈5訂版〉』p. 305〜310　問題冊子 p. 110

52 *Essential Stage* No.1521〜1550

1. 1．認知の（1542）　　　2．絶対に（1543）

2. 3．random（1526）　　4．prior／to（1530）　　5．fluent／in（1532）
6．ecological（1539）　7．virtually（1544）　8．literally（1547）
9．regardless／of（1549）

3. 10．out-of-date ⇔ up-to-date（1528）
11．excessive（1486）／extreme ⇔ moderate（1531）

4. 12．②（1524）　13．①（1527）　14．②（1537）　15．①（1546）　16．②（1550）

5. 17．④（1521）　18．③（1523）　19．②（1525）　20．①（1534）　21．②（1538）
22．③（1540）　23．③（1545）　24．①（1548）

6. 25．連邦政府（1522）　　　　26．自由主義の政治（1529）
27．手の込んだシステム（1533）　28．根本的な変化（1535）
29．その事実を知らない（1541）

7. 30．acid rain（1536）

(1)　②　「年をとるにつれて，私はときどき想像力がなくなってきたように感じる」
(2)　②　「その老女はかろうじて文字が読める程度だったが，非常に有能な話し手であった」
★ literate「読み書きのできる」，literary「文学の」，literal「文字通りの」（1547）

54

『システム英単語Basic〈5訂版〉』p. 314〜317　問題冊子p. 112

多義語の Brush Up　No. 1〜20

1.　1．患者 (7)　　　　2．仲間 (10)　　　　3．に出席する (11)

　　4．さもなければ (12)　5．その他の点では (12)　6．用語 (14)

　　7．実践 (15)　　　　8．人種 (17)　　　　9．問題 (18)

　　10. 党 (19)　　　　11. 余地 (20)

2.　12. right (3)　　　13. case／with (7)　　14. miss (13)

　　15. terms／with (14)　16. challenge (16)　　17. party (19)

3.　18. ③ (3)　　19. ① (4)　　20. ④ (5)　　21. ② (9)　　22. ② (9)

　　23. ④ (11)　　24. ④ (15)

4.　25. run a big company (1)　　26. meet people's needs (2)

　　27. The war lasted four years. (4)　28. Now it's your turn. (6)

　　29. face a problem (8)　　30. miss the last train (13)

54 *多義語の Brush Up*　No. 21～40

1.　1．意味（21）　　　　　2．数字（24）　　　　　3．健全な（28）

　　　4．不安（30）　　　　　5．さらに（31）　　　　　6．意志（37）

2.　7．senses（21）　　　　8．do（22）　　　　　9．on／part（23）

　　10．very（26）　　　　11．order／from（27）　　12．In／ways（29）

　　13．meant／to（33）　　14．leave（34）　　　　15．most（35）

　　16．Things（36）　　　17．state（38）　　　　18．help（40）．

3.　19．④（28）　　20．④（29）　　21．③（30）　　22．③（32）　　23．③（33）

　　24．④（38）

4.　25．do harm to the area（22）　　26．play a part in the economy（23）

　　27．his true character（25）　　　28．law and order（27）

　　29．I love you. I mean it.（33）　　30．I don't mind walking.（39）

56

『システム英単語 Basic〈5訂版〉』p. 322〜325　　問題冊子 p. 116

55 *多義語の Brush Up*　No. 41〜60

1.　1．原因（46）　　　　2．人類（49）　　　　3．出席している（53）

　　4．作品（54）　　　　5．うまく行く（54）　　6．一流の（55）

　　7．階級（58）

2.　8．matter（41）　　　9．matter／with（41）　　10．content／with（43）

　　11．respects（44）　　12．fortune（48）　　　　13．form（51）

　　14．present／with（53）　15．leads／to（55）　　16．natural（59）

　　17．free／from（60）

3.　18．②（41）　　19．②（45）　　20．③（46）　　21．④（47）

4.　22．a means of communication（42）　　23．a man of means（42）

　　24．cause a lot of trouble（46）　　25．a means to an end（50）

　　26．Keep the change.（52）　　　27．the present and future（53）

　　28．There is no life on the moon.（56）　29．I don't care what you say.（57）

　　30．sleep in class（58）

『システム英単語 Basic〈5訂版〉』p. 325〜329　問題冊子 p. 118

56 *多義語の Brush Up*　No. 61〜80

1. 　1．可能性（64）　　2．利益（66）　　3．量（72）

　　4．細かい（78）

2. 　5．head／for（61）　　6．deal／with（62）　　7．view／of（63）

　　8．view／as（63）　　9．fail／to（67）　　10．rule（70）

　　11．amount／to（72）　　12．long／for（73）　　13．in／line（74）

　　14．subject／to（76）　　15．fine／for（78）　　16．remember／to（80）

3. 　17．①（79）

4. 　18．②（62）　　19．②（65）　　20．③（70）　　21．①（71）

5. 　22．a close friend（65）　　　　23．major in economics（68）

　　24．agree to his proposal（69）　　25．I agree with you.（69）

　　26．The line is busy.（74）　　　　27．a word of six letters（75）

　　28．My favorite subject is math.（76）　　29．the rest of his life（77）

　　30．Let's take a rest.（77）

58

51　*多義語の Brush Up*　No. 81～100

1. 1．を予約する（82）　　2．説明する（86）　　3．発砲する（88）
4．物体（89）　　5．対象（89）　　6．を経営する（90）
7．欠点（94）　　8．を主張する（100）

2. 9．covers（81）　　10．account／for（86）　　11．art（87）
12．fired／from（88）　　13．manage／to（90）　　14．assume（92）
15．direct／to（93）　　16．due／to（95）　　17．in／manner（96）

3. 18．③（81）　　19．③（83）　　20．①（84）　　21．③（85）　　22．②（92）
23．③（95）　　24．②（96）　　25．①（98）

4. 26．③（94）　　27．②（99）

5. 28．save time and trouble（84）　　29．object to his drinking（89）
30．a pretty long time（97）

(58) 多義語の *Brush Up*　No. 101〜120

1.　1．堅い（101）　　　　2．に耐える（107）　　　3．を行う（113）

　　4．教訓（117）　　　　5．を否定する（118）

2.　6．command（106）　　　7．stick／to（108）　　　8．in／fashion（110）

　　9．in／charge／of（111）　10．charged／with（111）　11．to／degree（116）

3.　12．③（102）　　13．②（105）　　14．①（108）　　15．③（109）　　16．③（111）

　　17．③（114）　　18．①（118）　　19．③（119）

4.　20．③（101）　　21．④（103）　　22．④（104）　　23．①（106）　　24．④（115）

5.　25．a newspaper article（102）　　　26．I appreciate your help.（104）

　　27．a fixed point（109）　　　　　28．observe the comet（112）

　　29．get in touch with him by phone（115）

　　30．the nature of language（120）

60

59 *多義語の Brush Up* No. 121～140

1.　1．演説（121）　　　　2．出版（122）　　　　3．かつて（127）

　　4．平らな（135）　　　5．余分な（136）

2.　6．addressed（121）　　7．pity／for（124）　　8．beat（125）

　　9．point／out（126）　　10．point／in（126）　　11．Once（127）

　12．on／diet（128）　　13．sort（132）　　　14．bound／to（134）

　15．bound／for（134）　16．spare（136）　　17．tongue（138）

　18．succeed／to（140）

3.　19．②（123）　　　20．②（137）

4.　21．②（121）　　22．③（130）　　23．②（131）　　24．②（133）　　25．②（139）

5.　26．It's a pity that he can't come.（124）　　27．a healthy diet（128）

　28．write a paper on economics（129）　　29．a dinner check（130）

　30．the capital of Australia（137）

60 多義語の *Brush Up*　No. 141～160

1.　1．を除いて（143）　　2．分野（147）　　3．請求書（148）

　　4．腹を立てた（151）　5．恥（155）　　　6．なまり（158）

　　7．故（160）

2.　8．given（144）　　9．pay（145）　　10．good（146）

　　11．yield ／ to（152）　12．rear（153）　13．shame（155）

　　14．drive ／ away（157）

3.　15．③（142）　16．③（144）　17．③（148）　18．①（150）　19．②（156）

　　20．③（157）

4.　21．④（141）　22．②（143）　23．②（147）　24．②（149）　25．④（152）

　　26．②（154）　27．②（159）

5.　28．settle in America（141）　　29．equal pay for equal work（145）

　　30．waste money（156）

61 *多義語の Brush Up*　No. 161〜174

1.　1．悪徳 (163)　　　　2．階 (164)　　　　3．健康な (170)

　　 4．紙幣 (171)　　　　5．権力 (173)　　　　6．たとえば (174)

2.　7．soul (161)　　　　8．trick／on (167)　　　9．noted／for (171)

　　 10．control (172)

3.　11．① (166)　　12．③ (167)　　13．② (168)　　14．③ (171)

4.　15．④ (162)　　16．② (169)　　17．② (171)

5.　18．her body and soul (161)　　　19．vice president (163)

　　 20．She was moved by my story. (165)